RAÍZES
DOS DIVÓRCIOS

PREFÁCIO DE   PABLO MARÇAL
PATRÍCIA PIMENTELL

RAÍZES
DOS DIVÓRCIOS

RESSIGNIFICANDO RELACIONAMENTOS

São Paulo, 2024

Raízes dos divórcios - ressignificando relacionamentos
Copyright © 2024 by Patrícia Pimentell
Copyright © 2024 by Novo Século Editora Ltda.

EDITOR: Luiz Vasconcelos
GERENTE EDITORIAL: Letícia Teófilo
PRODUÇÃO EDITORIAL: Haja Editorial
CAPA: Leu Guilherme - Cyber Panda
COMPOSIÇÃO DE CAPA: Ian Laurindo
DIAGRAMAÇÃO E PROJETO GRÁFICO: Haja Editorial

Texto de acordo com as normas do Novo Acordo Ortográfico da Língua Portuguesa (1990), em vigor desde 1º de janeiro de 2009.

Dados Internacionais de Catalogação na Publicação (CIP)
Angélica Ilacqua CRB-8/7057

Pimentell, Patrícia
Raízes dos divórcios : ressignificando relacionamentos / Patrícia Pimentell ; prefácio de Pablo Marçal. -- Barueri, SP : Novo Século Editora, 2024.
160 p.

ISBN 978-65-5561-798-6

1. Desenvolvimento pessoal 2. Relacionamentos 3. Divórcio I. Título II. Marçal, Pablo

24-1850   CDD 158.1

Índices para catálogo sistemático:
1. Desenvolvimento pessoal

GRUPO NOVO SÉCULO
Alameda Araguaia, 2190 – Bloco A – 11º andar – Conjunto 1111
CEP 06455-000 – Alphaville Industrial, Barueri – SP – Brasil
Tel.: (11) 3699-7107 | E-mail: atendimento@gruponovoseculo.com.br
www.gruponovoseculo.com.br

"O verdadeiro amor não é outra coisa senão o desejo incessante de curar o que está fraturado."

- John O'Donohue

AGRADECIMENTOS

Eu jamais poderia iniciar esse livro sem, antes de mais nada, agradecer em primeiro lugar ao meu Pai, ao meu Criador, ao meu Senhor, ao meu Salvador, ao meu amigo Jesus Cristo, ao meu amigo Espírito Santo e ao grande Eu Sou, o meu Pai eterno, Deus. Agradeço à Trindade, ao Pai, ao Filho e ao Espírito Santo.

Agradeço por todos os livramentos, por todos os momentos de dor, por todos os momentos que eu achei que eu não aguentaria, em que achei que daria conta, e o Espírito Santo, a doçura do Espírito Santo me consolou, me segurou, me abraçou, me conduziu e literalmente me carregou no colo.

Agradeço ao Espírito Santo por ter me conduzido até este lugar, até o dia de hoje. Agradeço pelos dois livros que eu já tive o privilégio, a dádiva, de escrever, o livro do "Sertão para o Mundo" e "Propósito 40 dias conhecendo Jesus", e agradeço imensamente por estar tendo a graça de escrever mais este livro, mais esta obra, porque creio que mais do que um livro, isto aqui é uma obra de cura, uma obra de libertação e transformação.

Agradeço também à minha família, ao meu Pai, Jesse Pimentell, à minha mãe, Elenita Pimentell, ao meu irmão, Paulo Pimentell, às minhas irmãs, Ana Paula Pimentell, à minha irmã, que vem logo depois de mim, Sarah Pimentell, e à minha irmã caçulinha, que é a Paula Samara Pimentell. Agradeço à minha família, porque, mesmo com todos os desafios, todos os obstáculos, tudo que passamos juntos, permanecemos uma família, e hoje nós somos uma família restaurada, uma família curada.

Agradeço também a todas as pessoas que me encorajaram, a todas as pessoas que me apoiaram neste livro, mas também agradeço aquelas que não me apoiaram, aquelas que criticaram, aquelas que rejeitaram, aquelas que foram contra, porque até isso me impulsionou a chegar até aqui.

Agradeço ao meu amigo mais chegado do que irmão, Leu Guilherme, da Cyber Panda, que mais uma vez desenvolveu uma capa linda, sendo esta a terceira.

E quero encerrar agradecendo a você, caro leitor, que vai ler este livro. Saiba que este livro gerou cura no meu coração, que foi um profundo mergulho em mim mesma, foi em alguns momentos muito dolorido escrevê-lo, mas também muito gratificante, porque eu tinha certeza de que, ao ser curada, muitas vidas, muitas mulheres e muitos homens também seriam curados através deste livro.

Sinta-se amado, sinta-se muito amado por mim e por Deus, e que a sua vida seja totalmente transformada, a sua mentalidade, as suas emoções, as suas ações e os seus resultados, que um novo tempo se estabeleça na sua vida após a leitura desse livro. Um beijo do meu coração, eu desejo para você uma jornada linda, e mais uma vez, muito obrigada ao Pai, ao Filho e ao Espírito Santo de Deus.

PREFÁCIO
*Por Pablo Marçal

Este livro aborda um assunto que está ligado à principal causa que defendo – a família. É um tema que tem ocupado meus pensamentos e minha experiência de vida por muitos anos. Levanto com fervor a bandeira do casamento com o intuito de contribuir para que matrimônios não cheguem ao fim.

Não é segredo que cresci em um ambiente onde os divórcios eram mais comuns do que eu gostaria de admitir. Logo, testemunhei em primeira mão o impacto profundo que essas separações causaram na vida das pessoas, que se estende até hoje.

Minha jornada pessoal me levou a entender que a figura paterna desempenha um papel central na formação de nossos relacionamentos. Vivi na pele os efeitos da separação dos meus pais e de outros familiares. Com isso, tomei uma posição sobre o que acredito: me divorciei da opção de me divorciar da Carol, minha esposa.

É claro que o divórcio não é uma decisão que se toma devido a um acontecimento isolado no relacionamento, nem acontece de uma hora para outra. Muitas vezes, o desejo de se afastar surge de uma interação complexa entre as experiências individuais e os desafios enfrentados juntos, o que revela um grau de imaturidade por parte dos cônjuges e de desconhecimento do verdadeiro significado do casamento.

Por outro lado, quando um casal entra em unidade e em comum acordo não admite o divórcio como opção para resolver os problemas que surgem, vem a oportunidade de se desenvolverem e prosperarem assustadoramente. A partir desse posicionamento, assumem a responsabilidade de nutrir o relacionamento e tomam decisões baseadas em princípios e valores, permitindo que o relacionamento se fortaleça ao longo do tempo.

Não há nada na Terra capaz de parar um casal em unidade, a base para formar famílias fortes que impactarão as próximas gerações.

Se você deseja construir um casamento saudável, blindado do divórcio, é importante identificar os bloqueios emocionais que podem levá-lo a considerar essa opção. A paternidade, por exemplo, é uma peça fundamental desse quebra-cabeça. Não é apenas a ausência do pai, mas a ressignificação e a cura da paternidade que faz toda a diferença.

No livro Raízes dos divórcios, Patrícia Pimentell o auxiliará a compreender os aspectos que podem levá-lo a considerar o divórcio e, como resultado, permitirá ressignificar relacionamentos e evitar a separação de relações conjugais que não deveriam ser rompidas.

Tamo junto até depois do fim! #TMJADF!

*Cristão, casado com Ana Carolina Marçal e pai de Lorenzo, Benjamin, Miguel e Isabela, já escreveu mais de 40 livros. Empreendedor imobiliário e digital, especialista em branding e mentor de milhares de alunos.

Instagram: @pablomarcal1
Youtube: @pablomarcall

SUMÁRIO

INTRODUÇÃO, p.17

Capítulo 1 - A JANELA DA INFÂNCIA, p. 21

Capítulo 2 - ESCOLHAS E DECISÕES, p. 33

Capítulo 3 - CONVENCIDA X CONVERTIDA, p. 43

Capítulo 4 - PRINCÍPIO DE HONRA, p. 53

Capítulo 5- DECRETOS, p. 65

Capitulo 6 - A DOR DO DIVÓRCIO, p. 73

Capítulo 7 - O PODER DAS REFERÊNCIAS E DO AMBIENTE!, p. 85

Capítulo 8 - A CULPA DO DIVÓRCIO, p. 91

Capítulo 9 - PRIMEIRO DIVÓRCIO, p. 97

Capítulo 10 - SEGUNDO DIVÓRCIO, p. 109

Capítulo 11 - OS DIVÓRCIOS QUE VOCÊ PODE E DEVE TER!, p. 119

Capítulo 12 - HÁ TEMPO CERTO PARA CURA, p. 125

Capítulo 13 - A SUA HISTÓRIA É O SEU TESOURO, p. 133

Capítulo 14 - COMUNICAÇÃO, p. 143

CONCLUSÃO, p. 153

INTRODUÇÃO

Hoje, mais do que nunca, a instituição do casamento enfrenta desafios que merecem ser compreendidos e superados. Neste livro, "Raízes dos Divórcios", convido você a explorar esse fenômeno complexo, mas também a refletir sobre as raízes que alimentamos em nossos relacionamentos e como elas influenciam as colheitas que fazemos em nossa vida amorosa.

Vou te revelar alguns dados para que saiba um pouco do cenário aqui no Brasil e no mundo. O nosso país tem sido palco de transformações profundas nas últimas décadas, e uma delas é o significativo crescimento das taxas de divórcio. Registrou alta de 16,8% no número de divórcios em 2021, o que corresponde a mais de 386,8 mil divórcios em relação ao ano anterior. É o que revela um levantamento recentemente divulgado pelo Instituto Brasileiro de Geografia e Estatística – IBGE.

Outro dado que preciso que você saiba é que o Brasil é considerado o segundo país mais promíscuo do mundo, de acordo com a pesquisa realizada pela empresa NapLab. Sabe por que disso? Porque eu e você nos manteremos calados por muito tempo sobre o tema que assola nossas famílias.

Cada capítulo deste livro é um convite à introspecção, à análise profunda das raízes que sustentam nossas relações. Ao longo desta jornada, você descobrirá que o divórcio, muitas vezes, é apenas a manifestação visível de questões mais profundas e antigas que precisam ser tratadas. Afinal, o processo de cura e restauração começa na compreensão das feridas e na transformação das raízes que nutrimos.

Nos próximos capítulos, exploraremos não apenas os aspectos estatísticos do divórcio, mas também as dimensões emocionais, espirituais e psicológicas que moldam nossas vidas afetivas. Descobriremos como nossas experiências familiares e padrões de comunicação desempenham um papel crucial em nossos relacionamentos e como podemos trabalhar para construir uniões mais fortes e saudáveis.

Este livro é um convite para uma jornada de autoconhecimento, cura e transformação. Nele, encontrará ferramentas para reconhecer e lidar com as raízes que, muitas vezes, passam despercebidas, mas que têm um impacto profundo em nossos relacionamentos. À medida que nos aprofundamos nesse processo, descobrimos que, com amor, compreensão e resiliência, podemos não apenas evitar o divórcio, mas também construir relacionamentos duradouros e verdadeiramente significativos.

Ao embarcar nessa leitura, lembre-se de que cada página é um passo em direção à cura, à restauração e ao fortalecimento de suas relações. Que este livro seja uma fonte de inspiração para cultivar raízes profundas e sólidas, capazes de sustentar o amor e a felicidade em sua vida.

Capítulo 1
A JANELA DA INFÂNCIA

Eu acredito plenamente, de todo o meu coração, que os meus divórcios, bem como o de muitas outras pessoas, começou na infância. E você deve se perguntar assim, "Nossa, Patrícia, mas por que esses divórcios começaram na infância?" Ouso dizer que não só o meu divórcio aconteceu na infância, mas os divórcios de praticamente todas as pessoas. Quer saber o porquê?

Isso se deve ao fato de que, em grande parte, o caráter de uma pessoa é moldado até os sete anos de idade. E se você cresceu em um ambiente com problemas sérios, como alcoolismo ou a ausência de um pai/mãe presentes para aconselhar e orientar, é provável que isso tenha afetado seu desenvolvimento emocional, psicológico e mental. Esse fato não é uma questão de gênero, uma vez que, independentemente do sexo, toda criança necessita do apoio dos pais, tanto em termos de aconselhamento quanto de presença. E essa ausência na infância acarreta problemas extremamente sérios e graves, afetando aspectos emocionais, sentimentais, psicológicos e mentais em todas as esferas da vida, inclusive a esfera espiritual

A figura paterna é frequentemente a primeira referência masculina na vida de uma criança, enquanto a figura materna é a primeira referência feminina. A falta de uma dessas figuras pode levar a sérios problemas na vida da criança, tanto na infância quanto na fase adulta. Infelizmente, isso é um problema comum no Brasil e em muitas partes do mundo, onde mais de 90% das famílias têm problemas em casa e mais de 70% dos casamentos acabam em divórcio. Mesmo quando não há divórcio, pode haver outras questões, como um pai alcoólatra ou um pai que trabalha muito e não consegue dar atenção suficiente aos filhos. Por isso, é importante entender que muitos problemas na vida adulta têm suas raízes na infância. Um período que deveria ser de amor fraterno, torna-se um trauma que perdura para o resto da vida.

E como eu sei de tudo isso? Bem, eu sou parte dessa estatística. Há uma citação que eu amo e que diz: "Nunca julgue um adulto sem antes olhar a criança que essa pessoa foi e a infância que essa pessoa teve". Então, permita-me compartilhar um vislumbre da minha infância e como ela moldou de forma profunda a trajetória da minha vida.

Cresci em uma família de sete pessoas, meu pai, minha mãe, quatro irmãos e eu. Minha mãe cuidava da casa e meu pai lutava contra o alcoolismo. Morávamos em uma casa de farinha, que era um espaço aberto sem banheiro, quartos ou móveis. Para quem não conhece, a casa de farinha é onde a mandioca é transformada em farinha. Cresci em uma infância de muita pobreza e ausência de tudo. Eu até escrevi um livro chamado "Do Sertão Para o Mundo", onde conto mais detalhes sobre como ressignifiquei minha infância depois de tudo o que passei. Acredito que a infância de uma pessoa é fundamental para entender quem ela é hoje e o que a motivou a ser quem é.

Diante desse cenário, você consegue imaginar os inúmeros traumas pelos quais passei? A pobreza era apenas uma parte de nosso cotidiano; vivíamos em extrema miséria. Além da carência de alimentos, enfrentávamos a ausência das necessidades básicas, como um banheiro, uma escova de dentes, uma toalha e outros itens essenciais. Essas lacunas afetavam a família como um todo; no entanto, a situação se tornava especialmente crítica devido à presença de outras crianças, eu e meus irmãos.

Além disso, ainda havia o aspecto emocional: meu pai era alcoólatra, o que muitas vezes o fazia chegar em casa cansado, desencadeando uma série de consequências. Como resultado, tanto eu quanto meus irmãos tivemos que começar a trabalhar muito cedo. Lembro-me de que, aos 5 ou 6 anos, eu já estava ajudando na roça, plantando milho, feijão e mandioca, mesmo sendo muito pequena na época. Já aos

7 anos raspava mandioca, preparava biju e fazia a massa da tapioca, que chamávamos de 'goma' na Bahia, embora aqui a gente a chame de 'massa da tapioca'. Minha infância foi caracterizada por muito trabalho e muitas privações, ou seja, crianças sem direito à infância e, principalmente, da ausência paterna.

Essa falta do meu pai desempenhou um papel crucial no início do que eu posso chamar de início do meu divórcio com a ideia de paternidade. O pai geralmente representa orientação, segurança, referência e apoio. No entanto, na minha infância, não tive nada disso; não tive orientação, conselhos, segurança, cuidado ou proteção.

Essa ausência paterna afetou profundamente a minha essência na época, tanto a essência de menina quanto a de mulher. Lembro-me de que, quando era pequena, eu não gostava de ser uma menina, porque enfrentávamos grande sofrimento, fome e dificuldades extremas. A situação era tão desafiadora que, naquele momento, decretei que não queria ter filhos, não queria formar uma família e nem mesmo casar. Por quê?

Naquele momento, para mim, ter filhos parecia um fardo, e eu sentia esse peso em vários aspectos da minha vida. Frequentemente repetia a frase que pense e falei várias vezes "Pra que colocar filho no mundo para sofrer?"

Na parte do fundo da casa havia uma janela. Recordo que aquela janela era meu refúgio, o lugar onde eu encontrava conforto em minhas orações, me conectava com Deus e, até mesmo quando meu coração estava apertado, recorria a ela em busca de paz e comunhão com o Senhor.

Arriscaria dizer que aquela janela se tornou minha janela da esperança. Muitas vezes, a olhei com lágrimas nos olhos, tanto nos dias ensolarados como nos chuvosos.

Às vezes, certos lugares da nossa infância permanecem profundamente gravados em nossa memória, seja por estarem ligados há momentos bons ou ruins. No meu caso, a lembrança daquela janela é incrivelmente vívida. De certa forma, a infância pode ser considerada uma espécie de janela, não acha? Uma janela para a infância.

No entanto, é essencial ressaltar que naquela fase da minha vida, com convicção e absoluta certeza, a 'janela da infância' se tornou um ponto de virada. Inconscientemente, atrai o divórcio para minha vida, pois tudo o que eu desaprovava no comportamento do meu pai naquela época – o alcoolismo, o descaso com o lar, a negligência financeira e o descuido com a família e os filhos – gerou em mim sentimentos de revolta, ódio e tristeza. Surpreendentemente, foi exatamente o tipo de homem que inconscientemente atraí para minha vida.

No âmago, nunca estive à procura de um marido; sempre busquei a figura paterna, o pai que me faltou na infância. Inconscientemente, procurava nos homens e nos relacionamentos essa figura paterna que me era ausente. Não almejava um namorado, noivo ou marido, mas sim um pai, pois a carência e a necessidade de uma figura paterna em meu coração inconscientemente me levavam a atrair alguém com o mesmo perfil que meu pai. E, lamentavelmente, esse comportamento é mais comum do que se percebe. Com frequência, acabamos procurando relacionamentos na fase adulta que, de certa forma, refletem os comportamentos vivenciados na infância.

Bem, entramos em uma parte crucial: o impacto profundo dos traumas de infância em nossa vida adulta. No meu caso, meu pai costumava gritar muito e beber, deixando-me com diversos traumas, como o medo de gritos e a lembrança da necessidade e da fome que experimentei na infância.

Quando me casei, mesmo sem querer, qualquer mudança no tom de voz do meu marido já me fazia lembrar do meu pai, desencadeando uma reação intensa em meu mundo emocional. Essa complexidade de escolhas apenas confirma que as experiências da minha infância moldaram profundamente minha trajetória, afetando todos os aspectos da minha vida: emocional, físico e espiritual.

Quando adentramos no âmbito espiritual, a situação se torna ainda mais profunda e séria, pois a figura paterna que eu tinha na minha infância era a imagem, o pensamento e o sentimento que eu associava a Deus. Instintivamente, eu projetava essas experiências na minha imagem de Deus, imaginando que Deus era exatamente assim, porque eu transferia a figura paterna terrena para a figura celestial.

Portanto, quando uma criança vivência dificuldades no relacionamento com seu pai durante a infância, esse impacto profundo se estende à sua capacidade de estabelecer uma conexão espiritual com Deus. As experiências da infância moldam as percepções e expectativas da criança em relação à figura paterna, e essas percepções são inconscientemente transferidas para a figura divina. Isso pode tornar mais complexo o estabelecimento de uma relação espiritual significativa, pois a criança pode projetar as mesmas características negativas percebidas em seu pai terreno na concepção de Deus.

Tudo o que inconscientemente acabei criando e atraindo para minha vida tem suas origens na infância. Acredite, essa 'janela da infância' desempenha um papel crucial em nossa história. É por isso que, se não conseguirmos redefinir nossas experiências de infância, os desafios persistirão.

Tanto o abandono paternal, quanto a presença de um pai com um comportamento negativo, têm o potencial de causar dores e traumas. No meu caso, meu pai tinha um comportamento marcado pelo consumo de álcool, gritos e, por vezes, agressões, o que infelizmente resultou em traumas e medo durante a minha infância.

O que é ainda mais surpreendente é que muitas vezes acabamos atraindo justamente aquilo que mais tememos. No meu caso, percebi que busquei na fase adulta exatamente aquilo que havia me traumatizado na infância. Esse padrão de comportamento prejudicial reforça os ensinamentos da Bíblia, que destacam como nossos medos frequentemente se concretizam e exercem um impacto profundo em nossas vidas.

Crianças que enfrentam uma infância tumultuada, carente de orientação, marcada por traumas e angústias, frequentemente se tornam adultos com desafios psicológicos. Tenho absoluta certeza de que você, caro leitor, imerso na leitura deste livro neste exato momento, está convidado a uma reflexão profunda sobre como foi sua infância. Como foi seu relacionamento com seu pai? Talvez você seja uma mulher que carregou a culpa de um divórcio ao longo de toda sua vida. Talvez seja um homem que também se culpou pela separação de seus pais.

Mas é crucial que você reserve um momento para contemplar como foi sua infância? Como se desenrolou o relacionamento com seus pais? Quais traumas você carregou desde aqueles dias para a sua vida conjugal atual? Tudo o que experienciamos hoje está intrinsecamente ligado à criança que fomos e às experiências que moldaram nosso passado.

E é por isso que, na vida adulta, é fundamental que enfrentemos essas feridas da infância, busquemos a cura, e reinterpretemos as experiências passadas. Há um versículo que eu aprecio muito, que diz que Deus é um especialista em transformar maldições em bênçãos (Neemias 13:2). E há outro que afirma que todas as coisas trabalham juntas para o bem daqueles que amam a Deus e seguem o Seu propósito (Romanos 8:28). Não importa se tivemos uma infância dolorosa, difícil ou feliz. Às vezes, mesmo com uma infância feliz, na qual tivemos pais incríveis e uma infância maravilhosa, ainda enfrentamos desafios. Querendo que nosso cônjuge aja da mesma forma.

É por isso que o casamento frequentemente se transforma em um entrelaçamento de traumas. Você pode se ver cobrando do seu cônjuge algo que ele não pode fornecer, e isso pode ocorrer mesmo quando seu parceiro teve uma infância completamente diferente da sua. Às vezes, tentamos fazer com que nosso marido ou esposa preencha o papel que nossa mãe ou nosso pai desempenhou em nossa infância, sem considerar que cada ser humano é único.

Podemos inconscientemente atrair alguém que acrescenta muito à nossa vida, mas também podemos nos casar com alguém que é completamente diferente de nós, e, nesse caso, esperar que essa pessoa preencha as lacunas que nossos pais deixaram na nossa infância. Isso foi exatamente o que aconteceu comigo. Eu cresci sem um pai e, por causa disso, coloquei sobre meus relacionamentos a expectativa de que meu parceiro desempenhasse o papel paterno que me faltou na infância.

Portanto, a infância necessita ser revisitada, reavaliada e curada. Ousaria dizer que, em muitos casos, os primeiros indícios de um divórcio podem ser rastreados até nossos primeiros anos de vida. Se não enfrentarmos e tratarmos essas questões, se não dermos um novo significado a essas experiências, corremos o risco de repeti-las.

Agora, convido você a uma reflexão profunda: Como foi a sua infância? Qual era a natureza do seu relacionamento com seus pais? Quais traumas de infância você carrega e que podem estar afetando seus relacionamentos atuais? Reflita sobre isso e, se desejar, anote no espaço em branco. Quais traumas de infância você sente que precisam ser ressignificados? Talvez haja algo guardado lá, no fundo, esperando por esse processo de transformação.

TAREFAS E AÇÕES

Depois de ler este capítulo, quais são as tarefas que você irá fazer a partir de hoje? Liste pelo menos três novas ações! Compartilhe comigo no Instagram.

_____
_____
_____
_____
_____
_____
_____
_____
_____
_____
_____
_____
_____
_____
_____
_____
_____
_____
_____

# RAÍZES DOS DIVÓRCIOS

Capítulo 2
ESCOLHAS E DECISÕES

Você já se viu diante de decisões difíceis, sem as instruções ou orientações necessárias? Já enfrentou situações em que a falta de conhecimento e discernimento o levou a escolhas equivocadas? É importante compreender que a clareza desempenha um papel fundamental na tomada de decisões assertivas. Você consegue distinguir o que é certo do que é errado? Quando tem clareza, suas escolhas tendem a ser mais seguras e acertadas.

Quando você não dispõe de orientação, oportunidade ou capacidade, a probabilidade de tomar decisões equivocadas aumenta consideravelmente. Além disso, quando está sobrecarregado por traumas, tristeza, angústia, revolta e rebeldia, as chances de fazer escolhas erradas tornam-se praticamente certas.

Com convicção, costumo dizer que o divórcio começa na escolha. Quando suas decisões estão carregadas de traumas, dores, decepções, frustrações ou mesmo expectativas não atendidas, a tendência é que suas escolhas sejam equivocadas. A Bíblia, em 2 Coríntios 6:14-15, fala sobre o jugo desigual. Uma das maiores fontes de desgaste nos relacionamentos é a falta de alinhamento nos propósitos, na visão, nos valores e na missão. E por que isso acontece? Por causa das escolhas.

Quando você opta por alguém que não compartilha dos mesmos propósitos e princípios que você, isso tem um impacto significativo no seu relacionamento. Tenho plena consciência de que cometi erros em minhas escolhas. Fiz escolhas equivocadas. Muitos dos desafios que enfrentei em meus relacionamentos, especialmente nos divórcios, se devem a quê? Às escolhas erradas que fiz.

E onde, então, obtemos a experiência e sabedoria para fazer escolhas acertadas ou equivocadas? A carência de orientação, a ausência de conselhos, a falta de clareza e discernimento podem facilmente nos levar a decisões inadequadas. Quando alguém está emocionalmente ferido, as chances de tomar decisões errôneas aumentam. Quando a tristeza prevalece, a probabilidade de cometer escolhas equivocadas cresce.

Por isso é imperativo que evitemos decisões precipitadas, uma vez que a escolha está intrinsecamente vinculada à decisão. Nunca devemos fazer escolhas ou tomar decisões quando nossos ânimos estão abalados, quando nos encontramos angustiados, descontentes ou irritados, pois nesses momentos é quase certo que optaremos pelo caminho errado. Em estados de emoção intensa, corremos o risco de proferir palavras das quais nos arrependeremos mais tarde.

Na minha vida, as escolhas que fiz no passado tiveram repercussões profundas e duradouras. Acredito que ainda lido com as consequências negativas dessas decisões. Devido aos conflitos que experimentei com meu pai, fui consumida por um sentimento intenso de revolta e rebeldia.

Na infância, eu me comportava de maneira notadamente rebelde e indisciplinada. No entanto, essas atitudes, que eram claramente contrárias aos valores que Deus preza, naturalmente levaram à desobediência e as suas consequências.

A minha escolha de desobedecer é um exemplo disso. Toda a dor, a carência e a ausência que experimentei na infância me tornaram uma criança e uma pessoa extremamente rebelde e revoltada. Sempre fui propensa ao confronto e à desobediência. Quando meu pai ou minha mãe me diziam que eu não deveria fazer algo, aí é que fazia para afrontá-los, isso resultou em consequências graves. Olhando para trás, percebo quantos frutos amargos tive que colher na vida devido à minha desobediência.

Tenho uma irmã mais velha, Paula, que é minha melhor amiga e sempre foi uma companheira incrível em minha vida, um presente de Deus. Durante nossa infância, Paula fez uma escolha diferente da minha. Não importava se nosso pai estava embriagado ou agressivo, minha irmã sempre optava pela obediência.

Naquele tempo, eu a via como ingênua ou tola. No entanto, o tempo me mostrou que quem estava equivocada era eu, pois a obediência da minha irmã estava totalmente correta. A Bíblia nos ensina a honrar nossos pais para colhermos frutos, sermos felizes, alcançarmos sucesso, vivermos muito e sermos abençoados. Agora, percebo claramente que muitos aspectos da vida de minha irmã são verdadeiros frutos de sua obediência.

Agora te pergunto: como você se lembra de sua relação com a obediência e a desobediência durante a infância? Suas ações e escolhas naquela época têm impacto em sua vida atual? Será que sua infância deixou raízes profundas em suas escolhas e comportamentos? Essas são questões cruciais para refletir.

No livro de Deuteronômio, especificamente no capítulo 28, encontramos lições importantes sobre as consequências da obediência e da desobediência. Vamos explorar esse tema e suas implicações em nossas vidas. Minha pergunta para você é: mesmo que na infância você tenha plantado sementes de desobediência, o que está semeando hoje?

A desobediência que vivi trouxe dor, frustração e decepções. Se pudesse voltar atrás, escolheria a obediência. No entanto, o passado não pode ser mudado, mas o que podemos fazer é tomar melhores decisões no presente, pois não temos controle sobre o que passou e nem sobre o futuro.

O passado já se foi, tornou-se história, e o futuro está nas mãos de Deus. Desta forma, nossa única opção é ressignificar o passado e aprender com ele. O passado tem dois propósitos essenciais: servir como lição e ser ressignificado, de modo que não mais nos atormente com culpa, dor e angústia.

Devemos extrair lições do passado e usá-lo como uma oportunidade de aprendizado. Todos nós cometemos erros, enfrentamos falhas e desafios no passado, mas a questão é: o que faremos de diferente daqui em diante?

A desobediência trouxe muita dor e sofrimento em minha vida. No entanto, hoje, posso afirmar com confiança que tenho a capacidade de escolher um caminho diferente. Minha decisão atual é optar pela obediência.

Embora seja consciente de que não sou perfeita e que ainda não alcancei um nível de obediência total, estou em constante progresso. Cada dia me esforço para ser uma pessoa melhor do que fui ontem. Tenho convicção de que estou muito melhor hoje do que no passado e acredito que amanhã serei ainda melhor do que sou hoje.

Quero compartilhar esta reflexão, pois é fundamental compreender que, muitas vezes, o divórcio resulta de escolhas equivocadas. Se eu tivesse a sabedoria que tenho hoje e o relacionamento com Deus que desenvolvi, minhas escolhas no passado seriam diferentes. Entretanto, não permito que essa consciência me assombre com culpa ou dor, pois isso apenas me impediria de seguir em frente. Em vez disso, opto por ressignificar essas experiências, adquirir autoridade sobre elas e encontrar um propósito.

A escrita deste livro é uma maneira de compartilhar minhas experiências, incluindo meus erros e minhas dores do passado, de forma a transformá-los em instrumentos de cura para outras pessoas.

Compreender o peso da culpa, da autocrítica e do autoflagelo é fundamental na jornada de cura após o divórcio. Muitas vezes, olhamos para nossas escolhas erradas e carregamos um fardo pesado de culpa. Sentimos que cometemos erros imperdoáveis e que somos os únicos culpados por tudo o que deu errado. No entanto, é crucial lembrar que, naquele momento, estávamos tomando decisões com base no nosso entendimento, nas nossas experiências passadas e nas feridas que carregávamos.

A Bíblia nos alerta sobre o papel de Satanás, que está empenhado em trazer destruição às nossas vidas. Ele usa a culpa como uma ferramenta poderosa para nos manter presos ao passado, nos impedindo de seguir em frente. Ele nos faz acreditar que somos indignos de perdão e amor, o que nos leva a nos punir constantemente por nossas ações passadas.

No entanto, é importante reconhecer que a culpa não é uma voz divina, mas uma estratégia destrutiva do inimigo. Contudo, a Bíblia diz que Deus lança no mar do esquecimento os nossos pecados e não se lembra (Miquéias 7:19). A Escritura Sagrada também diz que onde abundou o pecado, superabundou a graça (Romanos 5:20). Assim, Satanás quer te culpar, trazer dor, tristeza e angústia. No entanto, é importante lembrar que enquanto Satanás te acusa e busca te condenar pelas escolhas erradas, você não precisa permanecer nesse lugar de culpa e condenação, pois Jesus te salva.

Ele morreu na cruz do Calvário para perdoar nossos pecados, e ele levou sobre si todas as nossas enfermidades, pecados, dores, culpas e escolhas erradas. Ressignifique suas escolhas e saiba que fez o melhor que podia naquela época, com aquela experiência, mente e conhecimento. No entanto, hoje você tem a oportunidade de fazer escolhas melhores, de agir de maneira diferente.

Você pode estar se perguntando: "Patrícia, como posso fazer escolhas melhores?" Bem, leia com atenção. Fazer escolhas melhores hoje envolve **estar cheio do Espírito Santo**. Envolve escolher **obedecer à Palavra**. Envolve **buscar conselhos de mentores e pessoas que já passaram por experiências semelhantes, capazes de oferecer orientação e direção**. E, acima de tudo, envolve **cultivar um relacionamento íntimo e de comunhão com Deus.** Por quê? Porque a Bíblia nos ensina que o Espírito Santo é nosso Conselheiro, Professor e Mestre.

Portanto, eu encorajo você a buscar orientação, tanto do Espírito Santo quanto de pessoas que têm uma conexão profunda com Deus. Talvez você tenha tomado decisões equivocadas no passado, mas agora tem a oportunidade de fazer as escolhas certas.

A melhor decisão que pode tomar é ressignificar seu passado, buscar cura e libertação, aceitar Jesus como seu único e suficiente Senhor e Salvador, acolher o Espírito Santo como seu melhor amigo e aprender a se perdoar.

É por isso que quero enfatizar a importância de escolher se perdoar hoje. Perdoe a si mesmo pelas decisões equivocadas do passado e pelas emoções que causaram dor em seu coração. Hoje, faça a escolha de estabelecer uma relação próxima com o Espírito Santo, e sua vida passará por uma transformação completa. Embora tenha cometido erros no passado, você agora tem a oportunidade de tomar as decisões certas. Como a Bíblia nos lembra, melhor é o fim das coisas do que o começo (Eclesiastes 7:8).

Sua história, seja na infância, adolescência ou juventude, talvez não tenha sido a melhor, mas permita-me dizer uma coisa: Deus é poderoso para lhe dar direção, discernimento e sabedoria para escolher o caminho certo daqui para frente. Você pode optar por ter um coração quebrantado e contrito, buscar a Ele em primeiro lugar e obedecer à Sua vontade. Hoje é um dia de escolhas, e saiba que nossa vida muda quando tomamos decisões difíceis, quando optamos por enfrentar desafios.

Por isso, reflita comigo: Quais são as decisões difíceis que você precisa tomar para transformar sua vida? Anote pelo menos sete escolhas desafiadoras que você fará a partir de agora para mudar completamente sua vida.

Convido e convoco você a ressignificar seu passado, suas escolhas e a perdoar a si mesmo, compreendendo que no momento, você fez o melhor que podia.

Hoje, uma das coisas que mais impactou minha vida, meu ânimo, minha alegria, meu coração e minha mente, foi olhar para a jovem Patrícia com suas escolhas erradas, acolhê-la, abraçá-la e perdoá-la.

Eu precisei me perdoar por todas as escolhas erradas que fiz, e isso fez uma diferença incrível na minha vida.

TAREFAS E AÇÕES

Depois de ler este capítulo, quais são as tarefas que você irá fazer a partir de hoje? Liste pelo menos três novas ações! Compartilhe comigo no Instagram.

Capítulo 3
CONVENCIDA X CONVERTIDA

Uau, este é um dos temas sobre os quais sinto grande temor, reverência ao Senhor, mas, ao mesmo tempo, também sinto muita ousadia, intrepidez e coragem, porque minha vida foi completamente impactada por um período de muita religiosidade.

Costumo dizer que eu era convencida, mas não convertida. Por muito tempo, me senti apenas frequentando um banco de igreja, seguindo uma religião. Eu me considerava evangélica, mas estava repleta de orgulho, arrogância, egoísmo e prepotência. Acreditava que tinha a verdade e acabei me tornando uma pessoa fanática por um longo período, o que resultou em danos e sofrimentos significativos. A religiosidade, como costumo dizer, é como um câncer, e é uma das maneiras pelas quais Satanás se aproveita.

A religiosidade pode ser prejudicial para as famílias e os relacionamentos, além de ser um fator contribuinte para o divórcio. No entanto, não é justo culpar apenas a religião pelo fim de um casamento, uma vez que há várias razões que levam a essa decisão. A escolha do parceiro, a infância, o orgulho, a prepotência, a arrogância e o egoísmo são alguns dos fatores que podem levar ao divórcio.

Neste ponto, gostaria de compartilhar uma reflexão pessoal. Se não tivesse me fixado rigidamente em uma religião, tenho a convicção de que teria buscado uma conexão muito mais profunda e íntima com o meu entendimento espiritual, permitindo-me explorar a espiritualidade de uma maneira mais autêntica e significativa.

A religião, por vezes, pode criar barreiras que impedem uma intimidade genuína com o Senhor. Lembro-me com apreço de um versículo que diz: "a letra mata, mas o Espírito vivifica" (2 Coríntios 3:6). Isso nos lembra que é o relacionamento espiritual, não apenas o cumprimento de regras rígidas, que nos conecta verdadeiramente com a divindade. Além disso, existe outro versículo significativo que afirma: "Conhecereis a verdade, e a verdade vos libertará" (João 8:32). E qual é essa verdade? A verdade da Palavra de Deus, a verdade da intimidade, o conhecimento do sussurro, da voz mansa e suave do Espírito Santo. É nessa verdade que encontramos a libertação e uma conexão profunda com o divino.

Desta forma, podemos concluir que a chave para se libertar da religiosidade está na busca da intimidade. Quanto mais próximo você estiver de Deus, de Jesus e do Espírito Santo, menos tende a adotar uma abordagem puramente religiosa. Um exame detalhado da Bíblia revela que Deus frequentemente abordou os religiosos de forma crítica.

Quando Jesus esteve na Terra, por exemplo, ele frequentemente confrontou os líderes religiosos com firmeza, enquanto demonstrava compaixão, paciência e misericórdia para com os pecadores. Isso se deve ao fato de que a religião, em muitos casos, tem o potencial de dividir e destruir em vez de unir e fortalecer.

Enquanto Jesus prega a unidade, o amor mútuo e a importância de amar o próximo, a Bíblia destaca que a bênção divina é derramada no poder da unidade. A intimidade espiritual nos ensina a cultivar o amor pelas pessoas, promovendo a harmonia e a cooperação. Por outro lado, a religiosidade tende a criar divisões e conflitos. Portanto, seguir o caminho da intimidade espiritual nos leva a viver em consonância com os princípios de Jesus, que valoriza a união e o amor entre as pessoas.

Existem mais de seis mil religiões na Terra, e muitas delas tendem a competir e criticar umas às outras, buscando afirmar sua superioridade. No entanto, a Bíblia nos ensina que a verdadeira religião é cuidar dos órfãos e das viúvas. Portanto, é essencial compreender a distinção entre religiosidade e intimidade com Deus. A religiosidade frequentemente leva à rivalidade e à crítica, enquanto a intimidade com Deus se manifesta no cuidado prático e no amor pelas pessoas, refletindo os valores divinos de compaixão e unidade.

Jesus não morreu na cruz para que tenhamos uma religião. Ele deu a Sua vida na cruz para que possamos ter intimidade com Ele. A Bíblia relata que, no momento de Sua morte, o véu do templo se rasgou de cima a baixo, simbolizando que agora temos acesso direto a Deus, não para estabelecer uma religião.

É evidente que entre os cristãos, como evangélicos e católicos, ocorrem disputas. Contudo, é essencial lembrar que Jesus era judeu e sempre o foi; Ele não se identificava como evangélico. Da mesma forma, Maria era judia e não era católica.

Essas disputas não se limitam à religião, mas muitas vezes envolvem um estilo de vida, obediência, intimidade espiritual e comunhão. É importante destacar que o cerne da questão é a conexão pessoal com a espiritualidade e com Deus.

Um ponto que posso afirmar com confiança é que, com a intimidade que mantenho hoje com Deus, minhas escolhas, decisões e comportamentos seriam diferentes dos do passado. A busca por uma relação mais profunda com o divino tem o potencial de transformar vidas e moldar nosso comportamento de maneira significativa.

Gostaria de compartilhar uma experiência que teve um impacto duradouro em minha vida e que ainda ecoa em minha memória, na qual eu tomei uma atitude baseada apenas na religiosidade. Essa experiência teve consequências graves, afetando profundamente meus dois relacionamentos e casamentos.

Certo Ano Novo, sempre tive o hábito de passar a virada do ano na igreja, o que, claro, não tem nada de errado. No entanto, naquela época, meu marido não compartilhava da mesma fé. E ele decidiu convidar toda a minha família para celebrar a virada do ano em nossa casa, e lembro-me vividamente de como ele preparou tudo com amor e dedicação. Fomos juntos ao Mercadão, o Mercado Municipal de São Paulo, para comprar um bacalhau delicioso e uma abundância de frutas. Criamos uma linda bandeja de frutas, escolhemos um champanhe maravilhoso e selecionamos apenas o melhor, priorizando a qualidade.

Ele fez questão de convidar minha família, incluindo minhas irmãs e minha tia, para se juntarem a nós na celebração, e juntos preparamos uma refeição espetacular.

Minha família estava reunida e o clima em casa era incrível, tornando-se um dos melhores momentos e viradas de ano que eu poderia ter vivido. No entanto, infelizmente, não foi assim que ocorreu, e gostaria de compartilhar o motivo.

Naquela época, eu estava profundamente envolvida em minha religiosidade, acreditando que a virada de ano deveria ser passada na igreja. Deixe-me frisar que não há nada de errado em celebrar o Ano Novo na igreja; pelo contrário, pode ser uma experiência significativa e abençoada. O problema residia na minha decisão, na minha escolha e no fanatismo religioso que me dominava naquela época.

Mesmo com toda a minha família reunida em casa, incluindo meu marido na época, quando chegou às 11h30 da noite, tomei a decisão de deixar todos em casa, inclusive ele, já que eu era a dona da casa. Fui sozinha para a igreja na virada do ano, enquanto meu coração se encontrava despedaçado, pois desejava que todos compartilhassem da experiência na igreja comigo.

Só que eu estava tentando impor algo a eles que eles não compartilhavam, não tinham a mesma convicção religiosa, e eles não se sentiam confortáveis com a ideia. Eu precisava ter respeitado as suas escolhas. No entanto, no meu egoísmo, agi de forma extremamente egoísta e tola.

Lembro-me das palavras da Bíblia que dizem: "A mulher sábia edifica sua casa, mas a tola destrói com as próprias mãos" (Provérbios 14:1). Naquele momento, eu simplesmente saí de casa, peguei o carro e fui passar a virada do ano na igreja. Ao retornar, encontrei minha casa em um estado de tristeza profunda, quase como se fosse um velório. Meu marido já havia ido dormir, minhas irmãs estavam visivelmente chateadas, assim como minha tia. Eu havia estragado a celebração de Ano Novo de todos nós.

Se naquele momento eu tivesse tido um pouco mais de sabedoria e intimidade com Deus, teria compreendido a importância de honrar minha família. No entanto, eu estava obstinadamente focada em minha convicção, argumentando que minha família deveria compartilhar minha fé e me acompanhar na igreja. Insisti que eles deveriam respeitar minha escolha, mesmo que não quisessem participar.

Isso, em retrospecto, foi um exemplo de quão cegos podemos estar quando dominados pela religiosidade. Se eu tivesse sido mais sábia naquele momento, teria percebido que honrar minha família significava honrar a Deus, assim como honrar meu marido.

A melhor decisão teria sido ficar com minha família naquela ocasião. Minha decisão de preferir estar em um edifício de igreja com pessoas com as quais eu não tinha intimidade, em detrimento de honrar meu marido, minha casa e minha família, revelou-se um erro lamentável.

Isso ilustra o impacto da religiosidade e do fanatismo em nossas vidas. Tenho certeza de que naquele dia também assinei o destino do meu casamento. Após aquele episódio, meu relacionamento nunca mais foi o mesmo.

Meu ex-marido frequentemente me lembrava disso, tornando-se uma ferida que nunca cicatrizava. Com o tempo, compreendi meu erro, arrependi-me profundamente e busquei o perdão do Senhor, assim como pedi perdão à minha família e ao meu marido na época.

Quero enfatizar a importância de buscar libertação da religião, da religiosidade e do fanatismo com toda a sua força, entendimento e desejo do coração, porque o fanatismo é algo que o maligno se aproveita. Precisamos, em vez disso, buscar ser cheios do Espírito Santo, permitindo que Ele nos guie e dirija.

Muitas pessoas seguem uma religião, mas não são verdadeiramente convertidas. A conversão implica em uma mudança real, uma transformação de rota e comportamento, refletindo as características de Jesus, tais como: humildade, compaixão, generosidade e empatia. Durante muito tempo, eu era religiosa, mas não estava genuinamente convertida; eu estava convencida.

Eu gostaria de convidá-lo(a) a fazer uma reflexão sobre algo essencial: qual é a sua relação com a religiosidade? Quanto dela existe em você? E, por outro lado, o quanto você cultiva a intimidade espiritual? É importante se questionar se você ouve a voz do Senhor, se Ele guia as suas ações, se você permite que o rio de águas vivas Dele flua através de você. É um convite para uma reflexão profunda sobre a sua espiritualidade.

Uma das transformações mais significativas que podemos realizar é buscar uma conexão mais próxima com o Senhor, em vez de simplesmente seguir ritos religiosos. Essa mudança não ocorre de uma só vez, mas sim de maneira gradual, à medida que nos aproximamos de Jesus.

Por experiência própria, sei como a religiosidade pode contribuir para problemas como divórcios. Se você já enfrentou situações semelhantes, convido-o a compartilhar sua história comigo. Você pode deixar um comentário aqui ou enviar-me uma mensagem direta no meu Instagram (@patriciapimentell). Ficaria encantada em conhecer mais sobre a sua história e trocar experiências.

Buscar uma conexão mais profunda com o Senhor é uma atitude que pode trazer mudanças significativas e positivas para a nossa vida.

TAREFAS E AÇÕES

Depois de ler este capítulo, quais são as tarefas que você irá fazer a partir de hoje? Liste pelo menos três novas ações! Compartilhe comigo no Instagram.

_____
_____
_____
_____
_____
_____
_____
_____
_____
_____
_____
_____
_____
_____
_____
_____
_____
_____
_____
_____

Capítulo 4
PRINCÍPIO DE HONRA

É com autoridade, baseada em minha própria experiência, que quero abordar a confusão que muitas pessoas têm sobre o verdadeiro significado de honrar pai e mãe.

Durante muito tempo, eu acreditava que, simplesmente por não causar mal a meu pai, estava honrando-o. Também pensava que ajudar financeiramente, de alguma forma, era uma forma de honrá-lo. No entanto, agora compreendo que, na verdade, eu não estava honrando meu pai; pelo contrário, muitas vezes o desonrava. Isso ocorria sempre que eu o isolava, ignorava ou agia como se ele não fosse meu pai. Também o desonrava quando não aceitava nem respeitava suas limitações, sua personalidade e sua maneira de ser.

Uma valiosa lição que aprendi ao longo da jornada de ressignificação da vida e em meu trabalho como coach é a importância de não exigir algo de alguém que essa pessoa não tem a oferecer. Isso é, sem dúvida, uma das maiores tolices que podemos cometer em nossa vida.

Para esclarecer esse conceito, imagine que você está pedindo a alguém um milhão de reais, mas essa pessoa simplesmente não possui essa quantia. Isso é análogo a quando esperamos que alguém nos forneça algo, como sinceridade, proteção ou segurança, quando essa pessoa, na realidade, não tem a capacidade de nos oferecer isso.

Eu costumava desejar que meu pai agisse da maneira que eu considerava certa, o que de fato é correto. No entanto, ele não tinha os recursos emocionais para me oferecer isso. A infância de meu pai foi incrivelmente desafiadora, marcada por traumas profundos. Portanto, a maneira como ele nos tratou, a mim e a meus irmãos, refletiu o que ele tinha a oferecer naquele momento - ele deu o seu melhor, dadas as circunstâncias difíceis de sua própria vida.

Gostaria de chamar a atenção para algo de grande profundidade. Quando nos tornamos vítimas, agimos com egoísmo, e nos concentramos exclusivamente em nossa própria dor, isso nos impede de enxergar o outro, de praticar empatia. Durante quase 30 anos da minha vida, ou até mais, eu estava presa em um ciclo em que apenas me preocupava com a minha dor.

Eu culpava meu pai, me via como vítima, com uma mentalidade de coitada. Pensava: "Meu pai não cuidou de mim, meu pai me deixou passar fome, meu pai não me deu orientação, meu pai não me protegeu." Eu vivia cobrando constantemente, e isso criava uma espécie de síndrome de cobrança, onde eu sempre queria responsabilizar o outro e colocar a culpa nele. Esse comportamento me arrastava para um estado de vitimismo, autopiedade, autocomiseração e me lançava em um lugar sombrio, um buraco negro emocional.

Mas, quando paro para refletir sobre isso, vejo que em nenhum momento eu me coloquei no lugar do meu pai, olhando para a sua vida passada e compreendendo por que ele agia da maneira que agia. Nunca me dei ao trabalho de investigar o porquê ele bebia, de por que tratava os filhos daquele modo, ou o motivo de suas ações serem como eram. Como já mencionei antes, em capítulos anteriores, nunca devemos julgar um adulto sem levar em consideração a infância que ele teve. Surpreendentemente, quando finalmente entendi, percebi que a infância do meu pai tinha sido ainda mais difícil do que a minha. Ao olhar a certidão de nascimento dele, vi que o nome do pai não estava registrado. Essa descoberta me fez chorar copiosamente. Por quê? Porque nossa própria dor e egoísmo nos impedem de olhar para a dor dos outros, de compreendê-los e de sentir empatia por eles.

Então, honrar o meu pai significava aceitá-lo e respeitá-lo exatamente do jeito que ele era. Era amá-lo, independentemente do que ele tinha feito ou não. Afinal, é um mandamento bíblico honrar pai e mãe e amar o nosso próximo como a nós mesmos. Deus não nos instrui a amar as pessoas com base em suas ações, se são boas ou más, se fazem o que queremos ou não. Não, Ele nos diz para amar as pessoas incondicionalmente. Ele diz para amar o próximo como a nós mesmos.

Minha falta de honra em relação ao meu pai, minha falta de empatia por ele, me levou a lugares terríveis. E posso afirmar com convicção que, se eu tivesse purificado minha relação com meu pai desde a adolescência, se eu tivesse o entendimento que tenho hoje, posso garantir uma coisa: eu não teria passado por dois divórcios. Vocês devem estar se perguntando como eu sei disso.

Primeiro, eu passei a compreender como a relação conturbada com meu pai teve um impacto significativo em minha vida e relacionamentos, pois, durante muitos anos, inconscientemente busquei preencher o vazio emocional deixado pela ausência do meu pai com outras figuras. Isso me levou a colocar líderes religiosos, professores, parentes e mentores no lugar que deveria ser do meu pai.

No entanto, uma virada inesperada ocorreu em 2023, quando meu pai adoeceu gravemente, passando 33 dias internado e enfrentando uma cirurgia cardíaca complexa. Essa situação, que parecia ser pura adversidade, revelou-se um momento de cura para mim, minha família e, especialmente, minha relação com meu pai. Durante esse período, refleti profundamente sobre meu comportamento passado e pedi a Deus por clareza e cura.

Essa experiência me mostrou o quanto eu tinha sido negligente em honrar meu pai, e minha falta de empatia me levou a uma busca insensata por substitutos paternos. Percebi o significado profundo do papel do pai e como é fundamental honrar nossos pais, independente das imperfeições que possam ter. Se eu tivesse compreendido isso mais cedo, muitos problemas em minha vida teriam sido evitados. Aprendi que buscar compreender as experiências de vida de nossos pais nos ajuda a desenvolver empatia e a quebrar o ciclo de repetir erros passados. É um processo contínuo de autoconhecimento e cura.

Gostaria de expressar algo importante para vocês. Ao longo da minha vida, percebi que deixei a desejar no que diz respeito a honrar, amar e demonstrar empatia pelo meu pai. Em outras palavras, falhei em me colocar no lugar dele, e isso resultou em desilusões e frustrações. E, como eu disse, essas falhas me levaram a procurar nas figuras paternas de meus ex-maridos o que eu não tinha com meu pai.

Apesar das tristezas que marcaram minha infância e adolescência, uma lembrança vívida persiste em minha mente. Recordo-me de estar no hospital ao lado do meu pai, em um momento de profunda oração, suplicando a Deus por uma oportunidade de me tornar uma filha melhor. Eu suplicava a Ele: "Deus, por favor, não leve meu pai agora. Dê-me a oportunidade de me redimir e fortalecer nosso vínculo."

Percebi que permitir que traumas e dores do passado dominassem meu coração me conduziu a um lugar sombrio, como se eu estivesse presa em uma lama espessa que roubou anos preciosos de uma vida compartilhada com meu pai. É um lembrete de como é crucial enfrentar esses sentimentos, aprender com as experiências e buscar um relacionamento mais saudável e significativo com aqueles que amamos no futuro.

Não estou de modo algum sugerindo que as ações do meu pai sejam justificáveis, nem que o que ele fez esteja correto, pois não está. O que estou enfatizando é que honrar pai e mãe envolve respeitar quem eles são, reconhecer suas limitações e compreender que cada indivíduo oferece apenas o que está ao seu alcance naquele momento. Meu pai, na época, só podia oferecer o que possuía em seu interior.

Seria irracional e injusto esperar que alguém nos dê algo que eles não possuem. Exigir isso das pessoas é despropositado e irrealista.

Gostaria que você compreendesse profundamente esta ideia: cada pessoa oferece o que possui em seu coração. No momento atual, minha relação com meu pai foi redefinida. Estou escrevendo este livro enquanto ele se recupera de uma cirurgia, e sou grata a Deus pela oportunidade que Ele me concedeu para me tornar uma filha melhor. Pretendo honrar meu pai até o último de seus dias. Farei tudo o que estiver ao meu alcance para amá-lo, cuidar dele, estar próxima dele, ligar para ele e fazer por ele tudo que nunca havia feito.

A Bíblia nos ensina sobre a remissão, e é uma verdadeira dádiva de Deus. Ela nos diz que, para o Senhor, um dia é como mil anos e mil anos como um dia. A Bíblia também afirma que Deus tem o poder de transformar maldições em bênçãos. Quando olho para o meu passado, para a dor da minha infância e os desafios dos divórcios, consigo, agora, contemplar tudo com gratidão e ressignificação.

Duas palavras resumem a minha jornada: **gratidão e ressignificação.** Consegui transformar meu passado, permitindo-me agradecer a Deus, e agora estou entrando em uma nova fase, uma nova história. Quero transmitir uma mensagem clara: o **divórcio não é a solução, mas a ressignificação pode ser.** Não se trata de evitar o divórcio, mas sim de reinterpretar sua relação com o passado. Honrar seu pai e sua mãe, independentemente das adversidades, é a verdadeira solução.

Ressignificar os relacionamentos, dar um novo significado ao passado, isso é cura. Isso é vida. Isso é liberdade. Isso é a verdadeira libertação. Portanto, convido você, que está lendo este livro agora, a refletir profundamente. Durante muito tempo, fui enganada pela minha própria dor, angústia, ressentimento e falta de empatia. Esses sentimentos me levaram a um lugar escuro e sombrio. Às vezes, o ego e o orgulho nos fazem acreditar que estamos certos e o outro está errado. Eu achava que honrava meu pai, mas só percebi que não o fazia quando ele ficou doente e após enfrentar dois divórcios.

A Bíblia nos instrui a honrar nossos pais, para que tenhamos uma vida longa e próspera. Quero compartilhar um código poderoso com você neste capítulo. Oração para que o Espírito Santo de Deus traga clareza e retire as vendas de seus olhos. Peço que o Senhor revele a verdadeira essência da honra aos seus pais em sua vida.

Minha oração é para que você possa encontrar a capacidade de perdoar seus pais e honrá-los, pois a transformação que isso traz é inigualável. Quando você olha para eles com compaixão, misericórdia e perdão, e toma a decisão de perdoar, amar e honrar de todo o coração, você encontra a verdadeira solução.

> **Perdão, honra e amor: essas são as chaves que trazem leveza, liberdade, cura e libertação.**

Uma vez que você tenha passado por esse processo, estará pronto para uma nova história, um novo capítulo em sua vida. Acredito que, após perdoar, honrar e amar, você experimentará o melhor ciclo, um tempo de paz e harmonia com seus pais, ou com aqueles que ocuparem o lugar de pai em sua vida.

Se seu pai já partiu, você pode considerar alguém que o Senhor direcionar para preencher esse papel na sua vida. No entanto, se seu pai ainda está vivo, é fundamental reconhecer o lugar que ele ocupa e ressignificar a relação, praticando a honra, como orientado pelo coração. Essa é uma diretriz bíblica, não uma imposição minha. É um mandamento divino (Êxodo 20:12), pois aprendi que honrar pai e mãe é um princípio fundamental para uma vida equilibrada e abençoada.

Como aprendi, com a minha própria história de vida familiar, honrar pai e mãe é essencial para uma vida equilibrada e abençoada. Para ilustrar, podemos comparar a paternidade a uma cadeira. Uma cadeira normalmente possui quatro pernas. No entanto, se uma perna estiver quebrada, ela não consegue cumprir o seu propósito. Não podemos sentar em uma cadeira com apenas três pernas.

Da mesma forma, em nosso convívio familiar, uma relação com os pais quebrada é como uma cadeira com uma perna quebrada. Para cumprir nosso propósito de viver uma vida plena, é fundamental restaurar essa perna quebrada, que representa a relação com os pais. Portanto, encorajo você a buscar a restauração da paternidade, honrando seu pai, perdoando, amando e experimentando a transformação que isso trará à sua vida.

Compreendo que minha experiência tenha se concentrado muito na figura paterna, uma vez que foi minha referência pessoal para compreender a importância de honrar pai e mãe. Entretanto, talvez a pessoa que você precise perdoar não seja seu pai, mas sim sua mãe, avó, irmãos ou outros familiares que tenham deixado marcas difíceis de superar. O fundamental é avaliar onde você guarda feridas internas e como essas feridas têm impactado sua vida. Isso permitirá que você inicie o processo de cura interior. O momento de perdão e restauração é único para cada um de nós, e reconhecer as áreas que precisam de atenção é um passo significativo na busca por bem-estar e equilíbrio emocional.

TAREFAS E AÇÕES

Depois de ler este capítulo, quais são as tarefas que você irá fazer a partir de hoje? Liste pelo menos três novas ações! Compartilhe comigo no Instagram.

_____
_____
_____
_____
_____
_____
_____
_____
_____
_____
_____
_____
_____
_____
_____
_____
_____
_____
_____
_____
_____
_____
_____

RAÍZES DOS DIVÓRCIOS

Capítulo 5
DECRETOS

Gostaria, antes de entrar em detalhes sobre os dois divórcios que vivi, abordar um tópico crucial: decretos. Quando enfrentamos situações extremamente difíceis, repletas de dor e sofrimento profundo, devemos ser cautelosos com os decretos que proferimos nesses momentos.

Recordo da minha infância, marcada por experiências em que via meu pai frequentemente lutando contra o alcoolismo, testemunhando o sofrimento de cinco filhos. Muitas vezes, enfrentávamos dificuldades financeiras e até mesmo passávamos fome, tendo que nos contentar com mamão verde cozido.

Lembro-me de um momento, naquele período, em meio à extrema pobreza e miséria, quando proferi um decreto, dizendo que jamais teria filhos. Naquela época, como uma criança, acreditava que ter filhos apenas os submeteria a sofrimento e privações, semelhantes às que eu e meus irmãos havíamos enfrentado. Foi somente quando cheguei à idade adulta, após uma jornada de autoconhecimento e uma compreensão mais profunda do mundo espiritual, que percebi a gravidade desse decreto.

Naturalmente, busquei o perdão de Deus e anulei esse decreto por meio de palavras positivas, declarando que meu corpo é um instrumento divino, que nasci para gerar vida e que sou capaz de trazer filhos abençoados ao mundo. Ressignificar minha perspectiva e proferir novos decretos na minha vida foi um passo fundamental nesse processo de transformação.

Lembro de outro decreto que fiz quando criança. Todas as vezes que presenciava meus pais discutindo, brigando, e via minha mãe sofrer, isso gerava algo ruim em meu coração. Houve uma situação específica que se destacou: meu pai, sob efeito do álcool, às vezes expulsava minha mãe de casa. Isso ocorreu algumas vezes, e eu sempre acompanhava minha mãe para que ela não passasse a noite sozinha. Algumas vezes, dormíamos na casa de vizinhos, mas havia momentos em que minha mãe sentia vergonha de recorrer a eles. Em uma noite específica, decidimos dormir sob uma plantação de mandioca, como mencionei em meu livro "Do Sertão para o Mundo".

Naquela noite, sob o céu estrelado, deitei minha cabeça em uma pedra e olhei para o céu, ouvindo o som das estrelas. Lembro de pensar que aquilo parecia um filme, e eu precisava ser a melhor protagonista possível na minha vida. No dia seguinte, após uma noite inesquecível sob a plantação de mandioca, percebi a importância de ser forte como criança. Foi nesse momento que decidi que, se algum dia me casasse, teria duas casas: uma para mim e outra para meu marido. A ideia era que, em caso de brigas, ele não poderia me expulsar de casa.

Foi um decreto poderoso, embora eu não tivesse consciência disso na infância. Inconscientemente, eu estava atraindo um marido que replicasse o comportamento do meu pai, alguém que me mandasse embora de casa, alguém que fizesse sofrer como minha mãe sofria. No momento em que proferi esse decreto, eu não entendia a origem do meu desejo de que, quando casasse, cada um de nós teria sua própria casa.

No fundo, era movida pelo medo, o medo de reviver as noites na rua, o medo de retornar ao pesadelo de dormir sob uma plantação de mandioca. A Bíblia nos alerta que tudo que tememos pode se concretizar. Grave essa frase em sua mente: "Quando eu casar, vou ter duas casas, uma para mim e outra para meu marido, e ele nunca vai poder me mandar embora." Essa palavra "mandar embora" seja profundamente poderosa, pois todos nós já experimentamos a sensação de ser excluídos de algo, seja no trabalho, em uma festa, ou em qualquer contexto. Era justamente isso que meu pai fazia com minha mãe todas as noites: mandava-a embora de casa.

Aqueles decretos que proferi quando era apenas uma criança revelaram-se destrutivos, afetando não apenas meu bem-estar emocional, mas também minha vida espiritual e, em última instância, minha vida como um todo. Cresci e percebi que, de forma quase automática, estava atraindo exatamente o que havia decretado. Agora, gostaria de fazer uma reflexão profunda: quais foram os decretos que você proferiu em momentos de dor e sofrimento?

Por exemplo, após um acidente de carro, você pode ter decretado que nunca mais dirigiria. Ou talvez, após uma traição, tenha decidido nunca mais confiar em alguém ou jurado que não se casaria novamente. Estes decretos podem estar contribuindo para as dores e destruição que experimenta atualmente. É fundamental ter cautela com os decretos que fazemos.

No livro de Provérbios 18:21, a Bíblia nos ensina que nossa língua tem o poder de vida e morte. Portanto, se for para decretar algo, que seja algo positivo, como bênçãos, vitória, ou um tempo sobrenatural e abençoado. A palavra que proferimos pode gerar vida ou morte, e frequentemente, em momentos de dor e sofrimento, usamos nossas palavras para fazer decretos que, inadvertidamente, nos autodestroem e prejudicam nosso futuro.

Portanto, tenha muito cuidado com os decretos que fez em sua vida. Espiritualmente falando, é possível buscar perdão, arrepender-se e proferir novos decretos. A Bíblia nos ensina que, onde abunda o pecado, a graça de Jesus é ainda mais poderosa (Romanos 5:20) para desfazer e anular qualquer decreto, mentira ou artimanha de Satanás, mesmo que esses decretos tenham saído de sua própria boca. O sangue de Jesus tem o poder de curar, salvar, libertar e transformar. Portanto, reflita sobre quais decretos você proferiu em sua vida e busque a transformação espiritual.

Hoje é o momento perfeito para você leitor que está aqui, refletir sobre os decretos que fez em sua vida. Se você pensar: "Patrícia, não me recordo de nenhum decreto", ore e peça ao Espírito Santo que traga à mente esses momentos. Todos nós, quando enfrentamos desafios e dores, proferimos declarações como: "Nunca mais farei isso", "Nunca mais confiarei em tal pessoa", "Eu nunca mais...", entre outras.

Este é o momento propício para se arrepender, pedir perdão a Deus e ressignificar esses decretos. Faça novas declarações que tragam vida, um novo tempo, prosperidade, riqueza e bênçãos para você, sua casa e sua família. Portanto, seja cauteloso com os decretos que emite. Decrete somente aquilo que lhe trará bênçãos, prosperidade e vida.

Se é casado, declare que o seu casamento é uma bênção. Se tem filhos, declare que são uma herança bendita do Senhor, que são flechas destinadas a ir além de você, cumprir seu propósito, serem saudáveis, obedientes e amados.

No âmbito profissional ou empresarial, decrete bênçãos e prosperidade em seu empreendimento. Proclame a presença de amigos abençoados, enviados pelo Senhor. Ao fazer esses decretos, você estará dando vida a uma nova realidade não apenas em sua própria vida, mas também na vida daqueles que o rodeiam.

Se estiver empregado, declare que em seu trabalho você é uma bênção, fazendo a diferença. Afirme que você é um filho amado, herdeiro ungido, parte de uma nação santa. Deixe claro que sua família é uma família abençoada pelo Senhor. Declare que sua vida é uma referência na Terra, refletindo a imagem e semelhança do Deus vivo. Proclame que você é próspero, sábio e bem-sucedido.

Agora, aproveite o poder dos decretos a seu favor. Há espaço neste livro para você criar uma lista de decretos. Proclame sobre sua família, finanças, corpo e mente. Declare que você é emocionalmente forte e inteligente. Proclame que seu corpo está curado, tanto por dentro quanto por fora. Declare que seu marido é convertido e uma bênção, e que seus filhos são convertidos e abençoados.

Hoje é o dia para fazer decretos que transformarão sua vida. Lembre-se de que, no passado, a dor, o sofrimento, a falta de entendimento e espiritualidade levaram você a proferir maldições. Mas hoje é o grande dia para proclamar bênçãos, para fazer decretos. Não subestime o poder que a palavra tem.

Lembre-se de que, na época dos reis, os decretos eram selados com um selo oficial. Hoje, você tem a oportunidade de selar seus decretos junto com o Espírito Santo, decretando bênçãos, riqueza, prosperidade e herança para sua casa, família, finanças e todas as áreas de sua vida.

Mantenha em mente que onde o pecado abundou, a graça superabundou. Sinta-se livre para usar o poder dos decretos hoje e proclamar abundantes bênçãos, vitória, um novo capítulo e um novo ciclo em sua vida. Hoje é o dia para marcar esta data e declarar que a partir deste momento, você entrará em um novo tempo, tudo isso em nome de Jesus.

TAREFAS E AÇÕES

Depois de ler este capítulo, quais são as tarefas que você irá fazer a partir de hoje? Liste pelo menos três novas ações! Compartilhe comigo no Instagram.

_____
_____
_____
_____
_____
_____

Capítulo 6
A DOR DO DIVÓRCIO

No dia 14 de outubro de 2023, às 13 horas e 50 minutos, antes de escrever este capítulo, vivi um momento profundo de choro, pois escrever este livro é reviver o passado, é voltar a viver experiências que marcaram minha vida. Após estabelecer uma base e discutir temas como infância, religiosidade e escolhas nos capítulos anteriores, agora entrarei especificamente no tema do divórcio, e na dor que ele acarreta.

Quero deixar claro que o divórcio não é a solução e posso afirmar que é uma das dores mais intensas que já vivenciei.

Neste momento, falarei sobre diversos tipos de divórcio, pois a separação não se limita apenas a relacionamentos conjugais. Também existe a dor do divórcio em situações de término de amizades, sociedades ou empregos. No entanto, nenhum desses tipos de divórcio se compara à intensidade da separação entre um homem e uma mulher em um casamento.

Eu costumo dizer que a dor do divórcio é mais profunda do que a dor da morte. Ambas doem muito, mas o divórcio é como a morte de alguém que ainda está vivo. É a morte dos sonhos, planos, ideias e propósitos. É a perda da vida que você sonhou, a vida na qual acreditou, na qual se empenhou.

Acredito que seja por isso que a Bíblia fala sobre a aversão de Deus ao divórcio. Ele é o Deus da família, e o primeiro casamento na Terra foi estabelecido por Ele. Quero que saiba, ao ler este livro, que minha intenção não é glorificar o divórcio, fazer apologia a ele ou qualquer coisa do tipo. Pelo contrário, escolhi escrever este livro para ajudar aqueles que precisam de restauração, cura e libertação. Reviver toda essa dor é um desafio imenso.

Hoje, confesso a vocês que, antes de começar a escrever estas palavras, eu me questionei. Perguntei a mim mesma por que estava fazendo isso comigo, por que estava me submetendo a reviver tudo isso, a sentir essa dor novamente. Um dos momentos mais difíceis foi quando segurei as duas certidões de casamento nas mãos e li as averbações. Foi um golpe no meu coração, pois tenho absoluta certeza de que ninguém casa para se divorciar. O divórcio é uma das piores dores da alma.

Tenho certeza de que, se fizéssemos uma pesquisa perguntando quantas pessoas casaram com a intenção de se divorciar, ninguém responderia afirmativamente. Todos diriam que casaram com o propósito de construir uma vida juntos, de ter uma família duradoura.

Ninguém se casa com o desejo de se separar. Além da imensa dor, o divórcio traz consigo a insegurança, a vergonha, o julgamento e a pressão religiosa. São desafios que precisam ser superados.

Quem tem filhos, meu Deus, precisa enfrentar a dor de vê-los sofrer com a separação da família. Eu mesma passei por dois divórcios, mas consigo ser grata por não ter tido filhos nesses relacionamentos. Acredito sinceramente que um divórcio envolvendo filhos é muito mais difícil e doloroso do que um divórcio sem filhos.

Portanto, pare de julgar as pessoas que passam por um divórcio. Em vez disso, tenha compaixão e misericórdia. É tão fácil apontar o dedo e julgar, mas é incrivelmente difícil se colocar no lugar do outro, olhar para a situação com empatia, amor e compaixão.

O divórcio, sem dúvida alguma, para mim, é a maior dor na alma, no coração que já experimentei em minha vida. E não desejo essa dor para ninguém.

Falando em dores, desejo aproveitar este capítulo para abordar a questão dos ciclos. Talvez você já tenha refletido sobre como temos uma tendência significativa de repetir padrões de comportamento e ciclos em nossas vidas. No meu caso, quando examino o início dos meus dois relacionamentos e os dois divórcios, percebo claramente o quanto esses ciclos se repetiram. A repetição de ciclos acontece devido à falta de cura, à ausência de ressignificação e à falta de libertação.

Quando não encontramos a cura, esses ciclos têm uma forte tendência a se repetir. É por isso que eu insisto na importância de olhar para dentro de si. Em hebraico, a expressão "Lech-Lecha" significa exatamente isso: olhar para dentro de você. Enquanto você não mergulhar profundamente em si mesmo em busca de cura, para superar a necessidade de aprovação, para curar as feridas da rejeição e romper com os bloqueios emocionais, continuará preso em um ciclo repetitivo.

Você estará como que preso em um círculo, repetindo as mesmas ações e vivendo os mesmos problemas sem encontrar uma saída. A verdadeira cura e a ressignificação são essenciais para romper com esses ciclos e criar um novo padrão de vida. Sem essa cura, você ficará preso nesses ciclos indefinidamente.

Ao refletir sobre os meus dois divórcios, percebi que repeti exatamente o mesmo padrão de comportamento, pensamento, medo e erros em ambos os relacionamentos. Isso me levou a convidá-lo para uma reflexão: existem áreas em sua vida onde você também repete padrões e comete os mesmos erros? Padrões que precisam ser quebrados?

Você pode se perguntar: "Como posso quebrar esses padrões?" A resposta é agir de forma diferente, ressignificar, se conhecer, se curar. Enquanto você não fizer uma jornada profunda para entender suas dores, sua infância e ressignificar essas experiências, continuará preso nos mesmos padrões e erros.

Aqui, gostaria de compartilhar uma reflexão mais profunda. Além dos meus dois divórcios, lembrei-me de que também tive dois cachorrinhos, um em cada relacionamento. Ambos os cachorrinhos acabaram morrendo. Você pode se perguntar o que a morte dos cachorrinhos tem a ver com o divórcio. Pode parecer não relacionado, mas para mim, faz todo o sentido, e vou explicar o porquê.

Existe um ponto fundamental do divórcio: o processo de luto. Eu não vivi o luto após a morte do meu primeiro cachorrinho nem após o meu primeiro divórcio. E quero enfatizar a importância de passar por esse período de luto. Sim, é doloroso, mas é o luto que nos cura. Você entenderá isso em detalhes nos próximos capítulos deste livro, quando descreverei como ocorreram meus dois divórcios e como minha falta de luto afetou meu processo de cura.

O divórcio é uma experiência que traz consigo várias dores, como discuti anteriormente. Além do sofrimento emocional e da própria separação, há outros desafios sérios a serem encarados. No meu caso, eu trabalhava com meus ex-maridos e compartilhávamos escritórios, empresas, clientes e amigos em comum.

Quando ocorre uma separação, especialmente em situações em que se compartilha o ambiente de trabalho com o cônjuge, a vida muda drasticamente. Não é apenas uma questão de encontrar um novo lugar para morar, mas também de estabelecer um novo cenário profissional, buscar novos clientes e criar um ambiente de trabalho completamente diferente.

Além disso, como mencionei anteriormente, a situação dos filhos é uma das partes mais dolorosas, envolvendo questões financeiras e guarda compartilhada ou exclusiva.

Uma outra dor significativa é a parte social, que inclui a separação de amigos. Quando um casal se separa, isso não afeta apenas o relacionamento do casal, mas também as amizades em comum. Muitas vezes, alguns amigos permanecem mais próximos de um dos ex-cônjuges, o que pode resultar na divisão de amizades e até mesmo no 'divórcio' das amizades.

Eu tinha muitos amigos queridos que desempenhavam um papel importante em minha vida, mas após o divórcio, tive que enfrentar a separação e a perda dessas amizades. Essa é uma dor que atinge profundamente e apresenta desafios consideráveis.

Do mesmo modo, uma dor que se revelou mais intensa do que eu imaginava é a exclusão social. Após o divórcio, experimentei o outro lado da moeda, onde fui excluída de eventos e encontros destinados apenas a casais. Parece que existe um 'clube das casadas' que é inacessível, e somente os casais podem ser membros. Isso foi uma experiência inédita para mim, uma exclusão que faz com que você se sinta invisível e não seja convidado para participar de atividades sociais.

Lidar com a solidão foi uma das partes mais desafiadoras para mim. Nos fins de semana, em particular, eu me sentia profundamente sozinha e triste. Por esse motivo, planejo, no futuro, quando estiver em um novo relacionamento, demonstrar empatia e cuidado com pessoas que estão separadas, solteiras, viúvas ou enfrentam a solidão. Essas pessoas precisam de apoio e compreensão, especialmente nos momentos em que mais necessitam, mas muitas vezes são ignoradas ou rejeitadas.

Portanto, é fundamental que cultivemos empatia, coloquemos-nos no lugar do outro e compreendamos que todos, independentemente do estado civil, merecem amor e apoio. Cada história é única, mas juntos podemos superar desafios e criar experiências incríveis.

A separação traz muitas dores consigo, além do sofrimento emocional. Quando ocorre a separação, especialmente quando se trabalha em conjunto, toda a dinâmica do ambiente muda. A separação não envolve apenas a procura de um novo local para morar, como também estabelecer uma nova forma de trabalho, encontrar novos clientes e criar um ambiente de trabalho completamente diferente.

Algo que me surpreendeu foi a exclusão social que enfrentei. Durante meus anos de casamento, eu estava acostumada a participar de eventos, jantares, encontros e viagens com outros casais. Felizmente, quando era casada, nunca experimentei essa ideia de que só deveria sair com outros casais. Tinha amigas solteiras e amigos que não eram casados, e isso nunca foi um problema.

No entanto, após o divórcio, vivi o outro lado da história. Experimentei exclusão social, rejeição e um tratamento diferenciado por parte das pessoas, algo que me pegou de surpresa e me impactou profundamente.

Enfrentei uma situação constrangedora em que alguém que conheço, morando na mesma cidade que eu, foi sugerido para convidar-me para sair e respondeu que não, pois ela era uma mulher casada, e eu deveria andar com pessoas solteiras. Entendo a perspectiva dela, mas o que descobri é que existe um tipo de "clube" ou um círculo social exclusivo, como um "clube das casadas", que parece intocável. Você só parece ser aceito nesse "clube" se for casada, e essa é uma realidade que eu não conhecia antes de passar pelo divórcio.

Lidar com a exclusão social, onde você é ignorado e se sente invisível, é extremamente doloroso. Não ser convidado para eventos sociais, como jogos e encontros em que só casais são bem-vindos, é uma experiência que machuca profundamente.

Isso é algo que está profundamente enraizado em meu coração, e quero destacar essa questão neste livro. Quero fazer um alerta de que uma pessoa divorciada, ou mesmo solteira, já enfrenta uma série de desafios e problemas, e a solidão e a sensação de exclusão social são apenas mais um aspecto dessa complexa jornada.

Os piores momentos da minha vida durante a separação ocorriam, sobretudo, nos finais de semana. Hoje, tenho um compromisso pessoal, algo que quero cumprir quando estiver casada novamente. Prometo a mim mesma que demonstrarei amor, carinho e cuidado às pessoas que são separadas, solteiras, viúvas ou simplesmente se encontram sozinhas, pois sei exatamente o que passei durante esses períodos.

Os dias em que estive solteira foram dolorosos e tristes. Houve finais de semana em que chorei e sofri, passando horas trancada em casa, muitas vezes. Pessoas que enfrentam o divórcio, separação, viuvez ou que são solteiras precisam de apoio, de um abraço e de compreensão.

É irônico que, no momento em que uma pessoa mais precisa de ajuda, ela seja frequentemente rejeitada e ignorada. Acredito que devemos aplicar o princípio de não fazer aos outros o que não gostaríamos que fizessem conosco. Devemos agir com empatia, fazendo melhor e de forma diferente do que experimentamos em nossos momentos difíceis.

Então, se você conhece pessoas que são divorciadas, viúvas ou solteiras, acolha-as, pois já enfrentam tantos desafios, como a exclusão e a rejeição. Lidar com esses aspectos torna a jornada ainda mais árdua. Refleti recentemente sobre como é difícil, às vezes, colocar-se no lugar do outro e ter empatia. Uma amiga minha, pastora, costuma dizer uma frase poderosa: "Sua bênção e seu testemunho não devem se tornar uma maldição na vida de alguém, nem causar dor a alguém".

Sabe, às vezes, quando temos um testemunho bonito de ter tido apenas um casamento, uma família feliz, podemos cair na armadilha de esfregar isso na cara das pessoas, como se fosse o único modelo válido, como se nossa vida fosse a única digna de ser imitada.

No entanto, nossos testemunhos devem inspirar, fazer as pessoas desejarem aprender e se inspirar, procurando lições para aplicar em suas próprias vidas. Não devemos tornar nosso testemunho uma fonte de dor para ninguém. Empatia é a palavra-chave, colocar-se no lugar do outro, entender que as pessoas precisam de apoio, colo e amor.

Lidar com a exclusão por não estar casada foi um grande desafio. É importante lembrar que não somos definidos por nosso estado civil, seja casados, viúvos ou divorciados. Não devemos nos restringir a viver apenas entre pessoas casadas. É maravilhoso ter amigos casados e participar de programas para casais, mas não devemos nos isolar em uma bolha onde só existem amigos casados. Lembre-se de que somos todos seres humanos, e nosso valor vai muito além do nosso estado civil.

Compreenda que o que realmente nos define é sermos a imagem e semelhança do Criador. O estado civil de uma pessoa, seja casada, divorciada ou solteira, não a torna melhor nem pior do que outra. Existem diferentes experiências e histórias, mas todas têm valor e podem se ajudar mutuamente. Juntos, podemos realizar coisas incríveis.

Uma mulher divorciada muitas vezes enfrenta o estigma de ser vista como alguém não digna de confiança, especialmente por mulheres inseguras e ciumentas. Isso apresenta um desafio significativo para mulheres divorciadas, assim como para homens divorciados. Portanto, é fundamental praticar a empatia, abraçar e acolher essas pessoas. O Livro de Tiago 1:27 nos lembra que a verdadeira religião é cuidar dos órfãos e das viúvas, e, de certa forma, uma mulher divorciada também é como uma pessoa viúva, pois a história que ela tinha acabou. Ela enfrenta muitas lutas, ajustes financeiros, profissionais, familiares e emocionais.

> Portanto, faça pelo outro o que você gostaria que fizessem por você.

Capítulo 7
O PODER DAS REFERÊNCIAS E DO AMBIENTE!

O poder das referências e a culpa do divórcio são temas que quero abordar de forma resumida, mas com intenção e objetividade. Como expliquei, na minha infância, cresci em um ambiente onde a maioria das pessoas à minha volta tinha relacionamentos destruídos. Muitas das minhas tias foram traídas pelos meus tios, e testemunhei muitos relacionamentos ruins. A falta de referências de relacionamentos saudáveis afetou minha capacidade de fazer escolhas acertadas e de entender o que é um casamento bem-sucedido.

Não tive modelos a seguir, nem mesmo com parentes, amigos ou pessoas próximas que pudessem servir de referência positiva em relacionamentos. Eu não tinha alguém para me ensinar a importância de escolhas acertadas e de um direcionamento sólido. Em vez disso, as pessoas com as quais convivi na infância frequentemente estavam envolvidas em traições e relacionamentos destrutivos, com mulheres sofrendo e homens tendo filhos fora de seus casamentos ou relacionamentos.

Cresci em um ambiente onde a maioria dos meus tios tinha relacionamentos problemáticos, envolvendo traições e separações. Minha infância não me proporcionou referências sólidas de relacionamentos saudáveis. A falta de exemplos positivos em minha família e na comunidade me fez perceber como o ambiente exerce um papel crucial em nossas vidas.

É importante reconhecer que o ambiente em que nascemos e crescemos determina muitos aspectos de nossas vidas. Por exemplo, o idioma que falamos não é uma escolha pessoal, mas uma imposição do ambiente. Se tivesse nascido em outro país, minha língua materna seria diferente. O ambiente molda nossas escolhas, nossos valores, nos ensina, nos direciona e influencia nossas vidas de maneiras profundas. Portanto, o local de nosso nascimento tem um impacto considerável em nossas experiências e resultados atuais.

Gostaria de fazer uma pergunta e gerar uma reflexão. O ambiente em que você se encontra atualmente é favorável ou desfavorável? As referências que você possui são positivas e inspiradoras, ou são negativas e desanimadoras? É crucial analisar cuidadosamente o ambiente em que você vive, especialmente o ambiente de sua infância, pois ele oferece insights valiosos sobre quem você é.

Estar em ambientes que promovem crescimento, cura, liberdade, libertação, prosperidade e riqueza é de extrema importância. Hoje, valorizo imensamente os ambientes em que estou inserida, sejam escolas, faculdades, famílias, casas, amigos, a cidade em que vivo, o bairro, a casa e até mesmo os vizinhos.

Isso ocorre porque o ambiente desempenha um papel fundamental na orientação de nossas escolhas. Na maioria das vezes, o ambiente molda nossas decisões. Portanto, considere atentamente o impacto do ambiente em sua vida e escolha ambientes que o impulsionem para o crescimento e a prosperidade.

Tenha muito cuidado com os ambientes em que você se encontra. Meus divórcios estão intrinsecamente ligados ao ambiente em que cresci, vivi e me relacionei, assim como às referências que tive. O ambiente possui um poder significativo. As mesas em que você se senta têm um grande impacto. Como diz o Salmo 1:1, "Não te assentes à mesa dos escarnecedores e não ouças o conselho dos ímpios". A escolha das mesas que frequentamos influencia os contratos que firmamos e as amizades que desenvolvemos.

Então, se você deseja mudar seus resultados, considere a possibilidade de mudar seus ambientes e as mesas que frequenta. Muitas vezes, seus relacionamentos, divórcios e resultados estão diretamente relacionados ao ambiente em que você está inserido. Talvez você nunca tenha refletido sobre isso ou recebido orientação nesse sentido. Eu, por exemplo, só compreendi o poder do ambiente após 33 anos, muito tempo depois dos meus divórcios. A Bíblia tem uma passagem relevante a respeito disso, e é importante prestar atenção.

A Bíblia nos adverte em 1 Coríntios 15:33, que diz: "Não vos enganeis: as más companhias corrompem os bons costumes." Isso destaca a importância de escolher cuidadosamente as pessoas e ambientes em nossas vidas. Eu abordei essa questão anteriormente no capítulo de conselhos, mas agora sinto um forte chamado em meu coração para discutir o poder do ambiente mais profundamente.

O ambiente inclui aspectos físicos, mentais e espirituais. Ter referências é essencial, e essas referências estão diretamente ligadas às pessoas e aos ambientes que nos cercam. Com quem você está se associando? Quem você admira e busca como exemplo quando se trata de casamento?

A escolha de nossas companhias e ambientes é crucial para a nossa formação e desenvolvimento pessoal. A Bíblia nos alerta sobre isso, e é importante que tenhamos consciência de que estamos constantemente sendo influenciados por esses fatores.

TAREFAS E AÇÕES

Depois de ler este capítulo, quais são as tarefas que você irá fazer a partir de hoje? Liste pelo menos três novas ações! Compartilhe comigo no Instagram.

_____
_____
_____
_____
_____
_____
_____
_____
_____
_____
_____
_____
_____
_____
_____
_____
_____
_____
_____
_____
_____

Capítulo 8
A CULPA DO DIVÓRCIO

A culpa é impressionante! Hoje, vamos explorar uma das questões mais desafiadoras no contexto do divórcio - a culpa. Além de enfrentar as complexidades da separação, como a dor, frustração, decepção, vergonha e julgamento, a culpa se destaca como um dos obstáculos mais difíceis de superar.

Não importa quem você seja, quando passa por um divórcio, a palavra "culpa" inevitavelmente surge. Cinco letras, mas seu impacto é avassalador, levando-nos a um esgotamento mental e emocional profundo. Hoje, quero compartilhar uma ferramenta poderosa para ajudá-lo a se libertar completamente da culpa do divórcio.

O primeiro passo para liberar-se da culpa é abraçar o processo de divórcio. A Bíblia nos ensina que o Senhor lança nossos pecados, falhas, iniquidades e transgressões no mar do esquecimento. No meu próprio processo de superação da culpa do divórcio, identifiquei três elementos cruciais que desempenharam um papel fundamental.

Uma das primeiras e mais poderosas forças que me ajudou a me libertar do fardo do divórcio foi o reconhecimento do poder do sangue de Jesus. Entender que o sangue de Jesus tem o incrível poder de limpar, curar, libertar, perdoar e transformar é essencial. É vital compreender que, se não aceitarmos que o sangue de Jesus é suficientemente poderoso para perdoar nossas falhas e iniquidades, estaremos subestimando o sacrifício de Jesus.

A Bíblia nos ensina que Jesus carregou todos os nossos pecados e iniquidades (Isaías 53:4-6). Quando eu realmente compreendi e aceitei o perdão, a purificação e a lavagem que o próprio Jesus oferece, isso se tornou libertador. Satanás é quem adora nos acusar e gerar culpa, mas Jesus é o perdoador, e seu sangue nos purifica.

Independentemente de quem você seja, homem ou mulher, sua idade, as circunstâncias do divórcio, é importante compreender que o sangue de Jesus é poderoso o suficiente para perdoar até mesmo os pecados mais graves, como tirar a vida de alguém. Se o sangue de Jesus é capaz de perdoar algo tão grave, por que ele não perdoaria o divórcio? A Bíblia afirma que Deus não rejeita um coração quebrantado, arrependido (Salmos 51:17). Portanto, não há dor, divórcio ou situação que seja mais poderosa do que o sangue de

Jesus. O sangue de Jesus é supremo, superando qualquer divórcio ou problema.

Você não é definido pelo seu divórcio. Muitas vezes, a sociedade nos rotula como divorciados, até mesmo legalmente, conferindo-nos um status. No entanto, no âmbito espiritual, o seu status não é o de divorciado. No céu, você é visto como um filho amado, ungido e eleito de Deus. Percebi que o rótulo de divorciada é apenas terreno, pois Jesus Cristo é meu Senhor e Salvador, aquele que me purifica e salva.

Deus não me enxerga como divorciada, mas como Sua filha, e o mesmo se aplica a você. No céu, seu status permanecerá inalterado, pois você é considerado um filho de Deus. João 3:16 nos lembra que o Senhor entregou Seu único filho para morrer na cruz, para que todos que creem Nele tenham o direito de serem feitos filhos. Portanto, a partir de hoje, não permita que o estigma do divórcio ou a culpa definam sua identidade. O selo do Espírito Santo em sua vida é o selo de filho, não o selo de divorciado.

Outro fator que me ajudou a superar a culpa do divórcio foi compreender que na época, eu não tinha a instrução, orientação e conhecimento necessários. Eu fiz o melhor que pude com o que sabia naquele momento. É irracional se culpar por algo que você não tinha como saber naquela época. É importante entender que, no momento do divórcio, do casamento, das escolhas, dos erros e dos pecados, você não tinha a sabedoria, discernimento e clareza que tem hoje. Portanto, não se culpe por não saber naquele momento. Agora, você aprendeu e cresceu, e está tudo bem.

Outro fator fundamental que contribuiu para minha libertação da culpa foi a prática do autoperdão, a reconciliação comigo mesma. Reconhecer que Jesus me perdoou permitiu que eu dissesse a mim mesma: "Patrícia, está tudo bem". Muitos homens e mulheres ainda carregam essa culpa e não conseguem se perdoar até hoje. Enquanto você lê este livro, minha esperança é que o Espírito Santo toque o seu coração, quebrantando-o e permitindo que você se perdoe. Lembre-se, se Jesus já te perdoou, quem somos nós para não nos perdoarmos? O sangue de Jesus assumiu todos os nossos pecados, enfermidades, erros, falhas e a culpa. Não se culpe por não ter tido a orientação necessária na época. Perdoe a si mesmo, pois Jesus já o fez.

Essas três estratégias foram essenciais para me libertar da culpa. No entanto, um quarto fator também desempenhou um papel fundamental na eliminação da culpa e até inspirou a escrita deste livro: o propósito. Em vez de se afundar na culpa, direcione toda a sua experiência, todo o seu sofrimento em direção ao seu propósito. No próximo capítulo, discutirei mais sobre como a sua história se torna o seu tesouro e como canalizar a culpa e a dor para encontrar um propósito. Está pronto para encontrar o seu propósito?

TAREFAS E AÇÕES

Depois de ler este capítulo, quais são as tarefas que você irá fazer a partir de hoje? Liste pelo menos três novas ações! Compartilhe comigo no Instagram.

_____
_____
_____
_____
_____
_____
_____
_____
_____
_____
_____
_____
_____
_____
_____
_____
_____
_____
_____
_____
_____

Capítulo 9
PRIMEIRO DIVÓRCIO

Agora, com todos esses tópicos abordados, desde os princípios de honra até os decretos, da dor do divórcio ao poder do ambiente, das influências das referências, da culpa e da religiosidade, bem como da influência da infância e da paternidade, torna-se evidente que um divórcio envolve muito mais do que apenas o ato de se divorciar em si.

Em uma conversa com uma amiga, chegamos à conclusão de que o divórcio é como a ponta de um iceberg. As pessoas costumam focalizar apenas o divórcio, essa parte visível, sem considerar tudo o que está oculto sob a superfície, as bases, as raízes que verdadeiramente moldam o divórcio.

Carregando toda essa bagagem de falta de uma presença paterna na minha vida, juntamente com a necessidade de aprovação e a sensação de rejeição que desenvolvi durante minha infância, há um ponto que desejo compartilhar com vocês.

Devido à ausência do meu pai e aos sérios problemas familiares que enfrentei na infância, não consegui lidar com essas questões antes de casar. Como mencionei anteriormente, eu estava em busca de algo mais do que um marido; eu procurava um pai. Essa busca era tão forte que eu sempre me senti atraída por homens mais velhos, principalmente por causa da figura paterna que faltava em minha vida.

Para vocês terem uma ideia, meu primeiro namorado já tinha uma diferença de idade de dez anos em relação a mim. Isso porque, devido a todas as dores e desafios que carregava, minha busca estava centrada em encontrar um pai, e não apenas um marido. Como resultado, acabei namorando meu primeiro marido, embora não mencionarei nomes por questões de respeito.

Nosso relacionamento progrediu rapidamente, passamos do namoro para o noivado e, consequentemente, para o casamento em um curto espaço de tempo.

Aqui, gostaria de adicionar um ponto importante: não tente pular os processos. O período de namoro é destinado a conhecer a pessoa, assim como o período de noivado. Quando tentamos encurtar o caminho, pular etapas, ou acelerar demais as coisas, cometemos erros graves. Se eu tivesse o entendimento que tenho hoje, teria prolongado o período de namoro, conhecido a pessoa mais a fundo, avaliado melhor as coisas e, possivelmente, não teria me casado.

O que acontece muitas vezes é que a ansiedade nos atrapalha, o desespero nos leva a precipitações e a paixão obscurece nosso julgamento. Quando agimos sob o domínio da paixão, da ansiedade e da pressa, as chances de dar errado aumentam consideravelmente. É fundamental lembrar: não tenha pressa.

Posso afirmar isso com convicção hoje em dia. Se você é solteiro(a) ou divorciado(a), não se apresse para casar. Como diz o ditado, "o apressado come cru". Quando introduzimos ansiedade, pressa e desespero, as consequências podem ser desfavoráveis e problemáticas. Portanto, não tenha pressa e permita que os processos naturais aconteçam.

Acabei me casando com uma pessoa que já tinha passado por um divórcio e que também tinha filhos. Além disso, essa pessoa não compartilhava os mesmos propósitos e objetivos que eu. Como mencionei anteriormente, meu processo de divórcio começou na minha infância, com as escolhas que fiz e o ambiente em que cresci. Existem bases sólidas que levam a um divórcio, e o fato de eu ter entrado em um casamento com alguém que não tinha os mesmos princípios e objetivos foi um desses fatores.

Quero explicar o que é um "jugo desigual," um conceito mencionado na Bíblia. Naquela época, eu não compreendia completamente o que isso significava, e quero esclarecer para que você não cometa o mesmo erro que eu cometi. Em 2 Coríntios 6, a Bíblia nos adverte a não nos unirmos em um "jugo desigual." Por quê? Porque o jugo desigual pode resultar em conflitos, brigas, discórdias e divisões.

Uma das raízes que contribuiu significativamente para o meu divórcio foi a situação de jugo desigual. Eu cometi erros desde o início, escolhendo uma pessoa que já havia passado por um divórcio, que tinha filhos, que mantinha relações com uma ex-esposa e que, acima de tudo, representava um jugo desigual.

Como mencionei anteriormente, o jugo desigual teve suas raízes em minha infância e nas escolhas que fiz. Há uma base sólida que leva a um divórcio. A Bíblia faz referência ao jugo desigual e o alerta para seus efeitos.

O jugo desigual está intimamente relacionado a diferenças em valores, princípios e propósitos. Quando duas pessoas não estão caminhando na mesma direção e não compartilham as mesmas crenças, isso é um exemplo de jugo desigual.

E isso nos leva a uma questão fundamental: qual é o resultado de semear sementes diferentes? O que você planta determina a colheita. Se você planta bananas, não pode esperar colher maçãs. O que você planta é o que vai crescer.

Durante o meu primeiro casamento, enfrentei não apenas o desafio do jugo desigual, mas também tive que encarar uma série de traições. Sinceramente, posso dizer que passei por um período de extrema dificuldade durante o meu primeiro divórcio.

Fui traída inúmeras vezes ao longo dos anos desse relacionamento, e isso se tornou um dos momentos mais sombrios e dolorosos da minha vida. Cheguei a afundar em uma profunda depressão, e, em alguns momentos, até cogitei tirar a minha própria vida. Sofri intensamente, chorei, gritei, e houve ocasiões em que acreditava que não conseguiria superar.

Há uma canção que diz: "Não era para você estar aqui, mas o Senhor disse assim: 'Eu vou te levantar'." E, apesar de toda essa dor, lutei com todas as forças que tinha. Enfrentei essa batalha do jeito que sabia, com oração, jejum, propósitos e votos na igreja. Fiz tudo o que estava ao meu alcance para superar esse período desafiador.

Para vocês terem uma ideia, em nenhum dos meus dois divórcios, eu fui quem pediu a separação. Tenho até uma carta nas mãos, neste exato momento, escrita pelo meu primeiro marido como um pedido de despedida e de perdão.

Então, nenhum dos meus divórcios ou separações foram iniciados por mim, porque eu lutei até o último momento. Aguentei as traições, a dor, a vergonha, e tudo isso em conformidade com o que está escrito em 1ª Coríntios: "O amor tudo sofre, tudo espera."

Fiz o possível, da melhor maneira que pude, para suportar essas situações, mas o jugo desigual, as traições, as brigas e as discussões gradualmente minaram o relacionamento.

O que gostaria de compartilhar com vocês sobre a experiência do meu primeiro divórcio é que não foi apenas o relacionamento em si, como já mencionei em diversas partes deste livro. Não se resumiu a eu ter casado com alguém de jugo desigual, nem a ter casado com alguém que já havia se divorciado, nem às traições, mas sim ao contexto completo, desde a minha infância.

Posso afirmar com certeza que a combinação de todos esses fatores resultou no divórcio. Se tivesse a oportunidade de voltar atrás, faria muitas coisas de forma diferente, sem dúvida. Com a experiência que tenho hoje e a minha proximidade com Deus, tomaria decisões muito distintas nesse relacionamento, que durou aproximadamente quatro anos no total, compreendendo os períodos de namoro, noivado e casamento, de 2011 até 2015.

Foi um relacionamento marcado por muita dor e traições, mas seria injusto dizer que não aprendi muito, pois, na verdade, aprendi muito, muito mesmo. Afinal, é frequentemente na dor que encontramos as maiores lições. Claro, se puderem aprender sem passar por sofrimento, essa é a opção preferível.

É evidente que, embora eu não esteja justificando o injustificável, o fato é que eu era inexperiente e entrei em meu primeiro casamento carregando uma bagagem de traumas e bloqueios. Buscava, de maneira infrutífera, encontrar uma figura paterna num relacionamento de jugo desigual, sem um ambiente favorável, sem conselheiros, mentores ou mulheres mais experientes para me orientar.

É importante ressaltar que cometi muitos erros e falhas, pois num divórcio nunca existe culpa de apenas uma parte; ambos têm sua parcela de responsabilidade. Não há um lado que seja o único errado ou o único certo. Erros e acertos são encontrados em ambas as partes.

Ele tomou a decisão de partir, na verdade, foram várias vezes que ele se afastou e voltou, pedindo perdão, e eu o aceitava de volta. Foram inúmeras vezes que meu primeiro marido deixou o nosso lar e retornou, pedindo reconciliação, e eu estava em um relacionamento que era, de fato, emocionalmente complicado e abusivo.

Eu estava presa em um ciclo interminável de perdão. Ele partia, me traía, voltava, e eu concedia o perdão. Partia, traía, voltava, e eu perdoava novamente, pois já estava acostumada com a relação tóxica em que vivíamos. Esse padrão repetitivo persistiu por um longo tempo. Na última vez que ele partiu, dessa vez de maneira definitiva, entretanto, encontrei forças para perdoar verdadeiramente e iniciar o processo de cura.

O grande erro, que acredito plenamente ter contribuído para o meu segundo divórcio, foi minha postura. Eu estava profundamente ferida, sentindo-me traída, rejeitada e abandonada, experimentando todos os sentimentos negativos e destrutivos que uma pessoa pode sentir.

Eu estava em um lugar de dor, descrença, mágoa e angústia, e minha reação a essas emoções contribuiu para o fracasso do meu segundo casamento. Nas próximas palavras, vou compartilhar mais detalhes sobre essa fase difícil da minha vida e como ela culminou em meu segundo divórcio.

Em vez de passar pelo processo de luto e permitir a mim mesma o tempo necessário para curar as feridas e aprender com aquele relacionamento, cometi um erro grave. Saí daquele casamento machucada, traída e abandonada, e com muita pressa, em um período que pode ter sido de apenas dois ou três meses, comecei a namorar novamente.

Quero ser completamente sincera com vocês, e isso pode ser doloroso de admitir, mas o sentimento que dominou meu coração naquele momento foi a vingança.

Como uma mulher ferida, traída e abandonada, estava determinada a mostrar ao meu ex-marido que poderia encontrar alguém melhor, não ficaria sozinha, nem seria traída ou abandonada. Esse erro foi um dos piores da minha vida, e estou aqui para compartilhar essa experiência e o que aprendi com ela.

Agora, convido vocês a refletirem: Já passaram por uma situação semelhante? Conseguiram se identificar com a motivação de vingança após um término de relacionamento? Acreditam que agir movidos por emoções como vingança, ódio ou raiva pode levar a boas decisões? Como lidariam com essas emoções em uma situação de separação?

A experiência que compartilhei serve como um lembrete para nunca agirmos impulsivamente baseados na vingança. Em vez disso, é essencial aprender com quem já passou por situações difíceis e compreender o impacto de escolhas motivadas por essas emoções negativas.

Os meus pensamentos estavam distorcidos, os meus sentimentos estavam confusos e, como resultado, as minhas atitudes foram equivocadas. Isso se traduziu em resultados negativos. Logo após a separação, percebi que não havia tido tempo para me curar, redefinir meus sentimentos e vivenciar o luto. No entanto, não consegui resistir à tentação de começar um novo relacionamento.

Eu, uma mulher magoada e traída, que ansiava por vingança, entrei em um novo relacionamento sem estar emocionalmente preparada. O resultado foi desastroso. Rapidamente, namorei, noivei e casei novamente. Em resumo, repeti o mesmo ciclo de erros que cometi no passado, no meu primeiro casamento, no segundo. Essa experiência foi uma lição dolorosa sobre como agir impulsivamente, alimentada por emoções negativas, pode levar a ciclos de erros e a resultados prejudiciais nos relacionamentos.

E querem saber mais? Meu segundo marido também tinha passado por um divórcio, e eu era a quarta esposa dele. Além disso, ele também tinha filhos de casamentos anteriores, o que tornava nosso relacionamento notavelmente desigual.

Essa experiência foi um lembrete de que naquela época, eu não tinha uma verdadeira conversão espiritual; eu estava mais convencida por aspectos religiosos, em vez de buscar uma relação íntima com Deus.

TAREFAS E AÇÕES

Depois de ler este capítulo, quais são as tarefas que você irá fazer a partir de hoje? Liste pelo menos três novas ações! Compartilhe comigo no Instagram.

Capítulo 10
SEGUNDO DIVÓRCIO

Como mencionei anteriormente, meu segundo divórcio foi resultado de uma sequência de erros. É surpreendente como a história desse segundo casamento se assemelha ao primeiro. Brigas, discussões, traições - parece que a dor que eu já carregava do passado se aprofundou ainda mais. E a semelhança não para por aí: novamente, me envolvi com alguém mais velho, seguindo o padrão do meu primeiro relacionamento. Meu ex-marido anterior já havia sido casado e tinha três filhos, e adivinhem? O meu segundo marido também já tinha um histórico de casamentos e filhos, me colocando na posição de quarta esposa.

Quando sentimentos como raiva, ódio e o anseio por vingança entram em jogo, eles podem ofuscar nossa capacidade de julgamento, de forma semelhante à paixão cega. O desfecho?

Foram anos de sofrimento, inúmeras disputas e a triste constatação de que o padrão de relacionamento abusivo que atormentou meu primeiro casamento também se repetiu no segundo.

Entretanto, no segundo divórcio, a carga emocional era ainda mais pesada. Primeiramente, eu já era mais madura, o que tornou a situação mais desafiadora. Em segundo lugar, o desespero e o temor de enfrentar outro divórcio se intensificaram. Lembro-me claramente de tremer de medo, um medo avassalador que me assombrava. O meu maior pânico residia no receio de ter dois divórcios no currículo. O que as pessoas pensariam de mim? Como seriam os comentários na igreja? Como eu poderia ter dois divórcios? Era algo que simplesmente não poderia acontecer.

Contudo, como diz o ditado, "tudo que você teme te sobrevém." O que você mais teme muitas vezes se realiza, porque as palavras têm um jeito de se concretizar. E assim, vivi dias sombrios, anos mergulhados em lágrimas, enfrentando ataques de pânico, depressão e transtorno de ansiedade. Foram muitos sofrimentos acumulados ao longo de ambos os relacionamentos, e sair do segundo casamento provou ser uma provação ainda mais desafiadora do que o primeiro.

Na verdade, eu não saí voluntariamente, pois o segundo relacionamento seguiu exatamente o mesmo padrão do primeiro. A traição tornou-se uma constante, as brigas e discussões tornaram-se cada vez mais intensas, e o desgaste alcançou níveis insuportáveis. Mesmo fazendo o possível, buscando força na oração e no jejum, e buscando orientação divina, manter o relacionamento daquela maneira se tornou uma tarefa árdua.

Lembro-me vividamente de um momento de profunda dor, quando caí no chão e chorei copiosamente. Em meio às lágrimas, fiz uma prece a Deus, um pedido muito específico relacionado àquela relação conturbada. Eu disse a Deus: "Posso ter entrado nesse relacionamento sem a Sua orientação, mas não sairei dele sem a Sua ajuda." Pouco tempo depois dessa oração, meu ex-marido me procurou para dizer que não queria mais continuar. No entanto, há uma parte do segundo relacionamento que desejo detalhar mais a fundo, e estou ansiosa para compartilhar isso com vocês.

Agora, gostaria de detalhar um processo impactante que vivenciei - algo que posso chamar de "o presente da dor". Entendam que cada deserto, cada problema, cada obstáculo, na verdade, é um convite do Divino para nos levar a lugares mais profundos. Mesmo no meio de tanta dor, frustração e decepção, o maior presente que recebi pode ser resumido em uma passagem do livro de Oséias, que fala sobre como Deus muitas vezes cerca os espinhos em nossas vidas para nos trazer para perto Dele (Oséias 2:6).

Eu posso atestar que, no meu segundo relacionamento, quando finalmente percebi o que estava fazendo, acordei para o fato de que estava me relacionando com alguém baseado em vingança, sem ter lidado com meu próprio luto e carregando o peso de um jugo desigual. O relacionamento envolvia divórcios anteriores, ex-esposas e uma triste repetição do padrão de traição.

Vou abrir meu coração com vocês e admitir que me vi encurralada em um labirinto, uma situação que parecia não ter saída. Lembro-me das crises, crises de pânico intensas. E por quê? Porque a solução estava tão fora do alcance, parecia que eu estava em um barco à deriva, enfrentando uma tempestade feroz no meio do oceano. Sozinha, eu sabia que jamais conseguiria superar aquilo.

No entanto, o que mais valorizo em todo esse processo de dor é o quanto ele me conduziu aos pés de Jesus. Foi um momento divisor de águas em meu relacionamento com Deus! Quando percebi que, com menos de 30 anos, estava prestes a enfrentar o segundo divórcio, mesmo quando meu coração e espírito já me diziam que isso aconteceria, não importava o quanto eu me esforçasse, melhorasse ou fizesse cursos. Afinal, um casamento envolve duas pessoas, e quando me vi no fundo do poço, emocionalmente, fisicamente e espiritualmente arrasada, percebi que só havia um caminho a seguir.

Costumo dizer que o lado positivo de atingir o fundo do poço mais profundo é que, nesse ponto, você não tem para onde ir, exceto para cima. Cheguei a um ponto tão crítico em minha vida que até mesmo pensei em tirar minha própria vida. Foi nesse momento de desespero que compreendi quão desesperadamente precisava de Deus. Era crucial conhecer o Deus do qual tanto ouvira falar, ouvir Sua voz e desenvolver uma relação mais profunda com Ele.

Assim, iniciei a maior jornada espiritual da minha vida, impulsionada por uma fome e uma sede insaciáveis. Foi quando me apeguei a Jesus como nunca antes. Passei madrugadas inteiras lendo a Bíblia, buscando compreender Deus, absorver Sua palavra e desenvolver uma comunhão mais profunda com Ele. Em meio à escuridão, percebi que minha única saída era encontrar refúgio em Jesus Cristo. Não havia alternativa.

Hoje, posso compartilhar com vocês o que me fez lembrar das palavras de Jó em Jó 42: "Antes eu te conhecia de ouvir falar, mas agora eu te conheço de caminhar contigo." Durante um período de profunda dor, traições infindáveis e desafios avassaladores, o maior presente que recebi foi a presença de Deus. Mergulhei nessa presença, busquei-a e clamei por ela com todo o meu ser.

Recordo vividamente o dia em que meu ex-marido me chamou para um restaurante e, com palavras diretas, me disse que não queria mais estar casado comigo. Ele me deu um prazo de 24 horas para sair de casa, o lugar onde compartilhamos quase sete anos de relacionamento, desde 2015 até 2021. Durante esse tempo, sofri intensamente, chorei inúmeras lágrimas.

Após a separação, experimentei um período de revolta. Mesmo caminhando com Deus, o divórcio trouxe dor e luto. No entanto, a grande diferença entre o primeiro e o segundo divórcio foi que, desta vez, eu não estava sozinha. A presença de Deus foi o alicerce que sustentou minha jornada.

Decidi firmemente que não repetiria os mesmos erros, que não cairia no mesmo ciclo novamente, de forma alguma. Então, o que fiz? Busquei o Senhor com ainda mais fervor, me aprofundei na minha relação com Ele. Compreendi que era necessário enfrentar aquela dor, tudo o que estava vivendo, mas também sabia que passaria. Foram cerca de seis meses após a separação, meses de dor, depressão, tristeza, angústia e inúmeros questionamentos.

No entanto, segurei firme na mão de Jesus e não a soltei por nada. Não busquei ninguém, não me envolvi com ninguém, não por causa de trauma ou porque pensei que nunca mais me relacionaria com alguém. Confesso que tal pensamento passou pela minha mente em momentos de revolta e dor, mas foi passageiro. Percebi que esse não era o caminho.

A parte mais bonita de todo esse processo foi atravessá-lo de mãos dadas com Jesus. Foi compreender que era o momento de quebrar o ciclo, de olhar para dentro de mim e viver o "Lech-Lecha".

Dois longos anos se passaram desde o dia em que nossos caminhos se separaram, lá em setembro de 2021. Hoje, em setembro de 2023, celebramos de alguma forma o segundo aniversário dessa triste separação. Não vou romantizar o divórcio aqui. Foram dias difíceis, doloridos, e ainda hoje, encaro momentos de solidão, tristeza e felicidade. No entanto, a única certeza que carrego é que estou trilhando esse caminho com Jesus e estou no rumo certo.

Decidi me voltar para dentro de mim, buscar cura, libertação e curar o relacionamento com meu pai. Iniciei uma jornada interna de autodescoberta, uma jornada da Patrícia consigo mesma. Hoje me sinto pronta, segura para compartilhar essa história com vocês. Confesso que, se alguém me dissesse há dois anos que meus dois divórcios se tornariam um livro em minha jornada sentimental, jamais acreditaria.

Provavelmente pensaria que a pessoa estava louca e até descontente com a ideia. No entanto, escrever este livro é a prova de que estou curada, liberta e pronta para uma nova fase, um novo ciclo em minha vida.

Uma das coisas mais impactantes para mim foi a compreensão de que não necessito de um novo casamento, nem de uma nova família para encontrar cura. O que nos cura não é um novo casamento; é a jornada interior que fazemos. É a ressignificação da paternidade, a intimidade com Jesus e a firmeza de segurar Sua mão. A cura, a salvação e a libertação não vêm de um novo casamento, mas de Jesus Cristo. É por isso que escrevo este livro com ousadia, para dizer a você, mulher, que não precisa de um novo casamento para ser curada e restaurada. Não é um novo relacionamento que vai te curar.

É preciso ressignificar, perdoar, olhar para dentro de si e viver o seu próprio caminho. E você, homem, saiba que não é um novo relacionamento ou um novo casamento que vai te curar. A cura vem de Jesus Cristo. Para mim, isso é uma verdadeira ruptura, pois eu sentia tanta vergonha do divórcio. Sentia tanta vergonha que, para ser sincera, odiava profundamente. Odiava quando alguém perguntava sobre meu estado civil. Imaginem o quanto isso me feria. Eu odiava preencher formulários em hotéis ou qualquer documento que perguntasse sobre o estado civil.

Escrever a palavra "divorciada" era como um golpe doloroso em meu coração. Ela carregava uma carga de vergonha e dor que eu não conseguia suportar. Por muito tempo, o divórcio representou uma ferida aberta em minha vida. No entanto, a cura veio quando compreendi que meu status não era definido pelo divórcio, mas sim pelo amor incondicional de Deus como Sua filha amada. Eu não era "divorciada", eu era uma filha amada do Deus vivo, selada pelo Espírito Santo de Deus.

No próximo capítulo, vou discutir como esse período de tempo me motivou a transformar essa trajetória em um livro. Proponho uma busca por autoconhecimento e desenvolvimento pessoal, pois frequentemente nos limitamos devido ao medo ou à falta de confiança em nós mesmos.

Aprendermos a identificar nossos pontos fortes e fracos, e a habilidade de utilizar essas informações para nosso crescimento e evolução. É fundamental lembrar que nenhum processo de transformação pessoal é desprovido de desafios e pode requerer tempo e esforço, mas os resultados recompensadores valerão cada passo.Portanto, se vocês estão prontos para se desafiarem e progredirem em seu desenvolvimento pessoal, sigam adiante comigo.

TAREFAS E AÇÕES

Depois de ler este capítulo, quais são as tarefas que você irá fazer a partir de hoje? Liste pelo menos três novas ações! Compartilhe comigo no Instagram.

_____
_____
_____
_____
_____
_____
_____
_____
_____
_____
_____
_____
_____
_____
_____
_____
_____
_____
_____
_____
_____
_____
_____

Capítulo 11
OS DIVÓRCIOS QUE VOCÊ PODE E DEVE TER!

Quando a sua vida é curada, ressignificada, e você encontra a verdadeira liberdade, a cura e a libertação, acreditem, uma palavra que eu costumava odiar e não suportava ouvir - o divórcio - comecei a encará-la com gratidão..

Apesar de ter representado muita dor e sofrimento para mim, passei a enxergar o divórcio sob uma perspectiva de agradecimento. Comecei a perceber o valor e as bênçãos que ele trouxe à minha vida, identificando as preciosidades que emergiram desse processo. Cheguei até mesmo a reconhecer que existem divórcios que, de certa forma, são verdadeiramente benéficos.

É um momento de profunda introspecção e transformação o divórcio do orgulho, do ego, da arrogância, da prepotência e de outros fardos que carregamos. Recentemente, descobri um livro incrível de Céssio Lios chamado "O Grande Divórcio", que fala sobre a necessidade de nos divorciarmos do inferno em nossas vidas. A mensagem é profundamente impactante.

Portanto, considere se divorciar de divórcios, especialmente divórcios conjugais, se já passou por um. Decida se divorciar da preguiça, da procrastinação e da violência. Opte por se divorciar de tudo o que não está alinhado com o que é bom no coração de Deus, pois com certeza valerá a pena essa transformação e crescimento pessoal.

Quem poderia imaginar que um dia eu olharia para o divórcio com gratidão? Se divorciar da reclamação, da murmuração e do julgamento é uma jornada profunda. Imagine se divorciar do orgulho, da arrogância e da prepotência. Você consegue compreender o que significa se divorciar do inferno? E da mentira? A mentira, certamente, merece o divórcio.

Quando nos divorciamos do orgulho, nos casamos com a humildade. Ao nos divorciarmos da mentira, nos unimos à verdade. Alguns divórcios, sem dúvida, são benéficos em nossas vidas. Convido você a refletir sobre o que está prejudicando a sua vida e considerar se divorciar da inveja. A inveja, de fato, merece um certificado de divórcio.

É hora de se separar da miséria, da pobreza e da improdutividade. Abandone o vitimismo, a culpa e tudo o que está prejudicando sua vida. Liberte-se daquilo que tem minado o seu coração, e lembre-se, a culpa e a condenação merecem ser deixadas para trás.

Desconecte-se de Satanás e abrace Jesus. Afaste-se do pecado e entregue-se à santidade. Há muitos divórcios na vida que podem transformar você. Nunca, em meus dias, imaginei que escreveria um livro sobre este assunto, mas agora, você começará a compreender com muito mais clareza. Vamos lá, aperte os cintos, porque estamos prontos para esta jornada emocionante!

Nesta semana, vivi uma experiência profundamente espiritual com Deus, e uma das mensagens que ouvi claramente do Senhor me surpreendeu. Ele disse: "Filha, o primeiro divórcio ocorreu no céu." Fiquei atônita e questionei: "Senhor, como o primeiro divórcio aconteceu no céu?" Então, Deus explicou: "Filha, Eu me divorciei de Satanás. Ele era um anjo de luz, mas ao corromper o coração, desejar o lugar que pertencia a Deus e contaminar uma terça parte dos anjos, foi expulso do céu."

Essa revelação impactante me fez refletir profundamente sobre como as pessoas frequentemente encaram o divórcio como um tabu, repleto de medo e dor. No entanto, há muitos tipos de divórcio dos quais precisamos nos desvencilhar, como eu já mencionei. Precisamos nos divorciar do inferno, de Satanás e seus demônios, da preguiça, do medo, do orgulho, do egoísmo, da pornografia, da prostituição, da mentira e de tantas outras coisas que podem estar presentes em nossas vidas.

O Senhor também enfatizou que há muito mais pessoas divorciadas no mundo do que imaginamos. Portanto, é crucial considerar as áreas em que precisamos nos separar para encontrar a verdadeira liberdade e crescimento espiritual.

Perguntei a Deus, Pai, por favor, explique-me mais sobre isso. E o Senhor me disse: "Todos aqueles que não vivem plenamente sua identidade, que não têm clareza sobre quem são, estão, de fato, divorciados. Esse divórcio é tão sério que você não se separa de outra pessoa, mas de si mesmo, porque nasceu para ser algo e não está vivendo de acordo com essa verdade."

Portanto, quando não temos clareza sobre nossa identidade, estamos, de certa forma, divorciados de nós mesmos. Quando não temos um relacionamento com Deus, nosso Pai, também estamos separados de Deus. Quando há ruptura entre um Pai e um filho, isso também pode ser considerado um divórcio. Assim, existem divórcios que são necessários e outros que jamais devem ocorrer.

Por isso, a pergunta que faço a você é a seguinte: quais divórcios são necessários para você? O que é preciso ser deixado para trás em sua vida para que você possa se reconectar com sua verdadeira identidade e com Deus? A jornada de autodescoberta e espiritualidade muitas vezes requer um processo de depuração, um desapego de elementos que nos prendem a uma existência superficial.

Estamos constantemente inundados com expectativas externas, demandas sociais e pressões para corresponder a padrões pré-estabelecidos. Essas influências podem nos afastar de nossa essência mais profunda, daquilo que realmente somos. Assim, a busca pela reconexão com a verdadeira identidade e com o divino muitas vezes exige coragem para identificar e liberar as âncoras que nos mantêm presos.

Isso pode significar o divórcio de hábitos prejudiciais, como o excesso de consumo de substâncias, o consumo desenfreado de entretenimento vazio ou comportamentos autodestrutivos.

Também pode envolver o afastamento de crenças limitantes que nos impedem de ver nossa própria grandeza, ou a separação de ambientes tóxicos que minam nossa energia e bem-estar. Muitas vezes, a busca pela conexão com Deus exige uma desconstrução das camadas de condicionamento social e da falsa identidade que criamos para agradar aos outros.

Em última análise, o processo de divórcio interno é um ato de coragem e amor próprio. É um caminho em direção à liberdade, à autenticidade e à possibilidade de abraçar uma conexão mais profunda com sua verdadeira essência e com a espiritualidade que está presente em todos nós. Portanto, reflita sobre quais divórcios são necessários em sua vida e esteja disposto a embarcar nessa descoberta pessoal e intimidade espiritual.

TAREFAS E AÇÕES

Depois de ler este capítulo, quais são as tarefas que você irá fazer a partir de hoje? Liste pelo menos três novas ações! Compartilhe comigo no Instagram.

_____
_____
_____
_____
_____
_____
_____

Capítulo 12
HÁ TEMPO CERTO PARA CURA

Existe um tempo apropriado para a cura após um divórcio. No auge do sofrimento, muitas vezes sentimos que a dor é insuportável, como se estivéssemos à beira do abismo, incapazes de superar a agonia que dilacera a alma. A dor do divórcio é única, uma ferida que parece não ter remédio, a menos que consideremos o consolo divino, o poder do perdão, e a importância do autoperdão. .

A ressignificação da dor e a passagem do tempo desempenham papéis cruciais nesse processo. A cada novo dia, celebramos pequenas vitórias enquanto avançamos, passo a passo, em direção à cura. A ânsia por encontrar um novo amor ou por apressar o processo de cicatrização, de fato, pode agravar a dor. Portanto, é vital honrar os processos naturais de cura, permitindo que o tempo faça sua parte.

Refletindo sobre a minha experiência de divórcio, percebo que uma das maiores lições que aprendi na transição do meu primeiro casamento e divórcio para o segundo foi a importância de conceder a mim mesmo o tempo necessário para a cura. Apenas com esse tempo e cuidado, pude, aos poucos, trazer alívio para as feridas da alma e começar a vislumbrar um novo capítulo de minha vida.

A cura após um divórcio envolve enfrentar uma série de emoções complexas, como raiva, tristeza, angústia, sensação de abandono, sentimento de rejeição e a necessidade de aprovação. Quando saí de um divórcio, entrei rapidamente em outro relacionamento, uma escolha que, olhando para trás, reconheço como uma das piores decisões da minha vida. Se eu tivesse tido a sabedoria de pausar naquele momento crítico do primeiro divórcio, de respirar fundo, enfrentar o sofrimento que precisava ser enfrentado e passar pelo processo de luto necessário, talvez eu não teria vivenciado o segundo divórcio.

Essa experiência me ensinou que acelerar o processo de cura e pular etapas não é a solução. Em vez disso, é fundamental respeitar o tempo da cura e da restauração pessoal. Nesse período, tive a oportunidade de me conhecer melhor, lidar com minhas feridas emocionais, colocar minha vida em ordem e ganhar clareza sobre o que realmente precisava em um relacionamento.

Conforme mencionei anteriormente, muitas vezes buscamos um milagre quando o que realmente precisamos é de um processo. Não adianta esperar que uma lagarta se torne uma borboleta por mero desejo; ela passa por um processo de transformação.

De forma semelhante, a cura interior exige que mergulhemos profundamente em nós mesmos, ressignifiquemos nosso passado e busquemos uma conexão mais profunda com o divino. A maior cura que experimentei durante meu segundo divórcio veio quando busquei o Senhor com todo o meu coração, reconhecendo que a verdadeira transformação e cura vêm de uma jornada espiritual e de autoconhecimento sincera.

Existem vários tipos de divórcio. Há o divórcio cordial, marcado pela paz e tranquilidade, onde a separação ocorre devido ao desgaste natural do relacionamento, embora isso não signifique ausência de dor. Por outro lado, existe o divórcio litigioso, um dos mais desafiadores, envolvendo não apenas o desgaste emocional, mas também batalhas legais, audiências, juízes, advogados e todo o sistema jurídico.

Além disso, há os divórcios motivados por traição, brigas e outras causas dolorosas. Não é correto dizer que um é mais doloroso que o outro, pois cada pessoa enfrenta essa situação de maneira única. Por vezes, alguém que tem filhos pode não sofrer tanto quanto outro que não os tem, pois a experiência varia conforme a história de vida, as dores passadas e o processo individual. O mais essencial é respeitar o tempo necessário para a cura e a reconstrução após um divórcio, independente de suas circunstâncias específicas.

É crucial respeitar a si mesmo durante o processo de cura após um divórcio. Buscar a reconciliação interna e recorrer à espiritualidade é um caminho fundamental. Lembro-me de chorar tanto durante o meu próprio processo de cura após o divórcio que, por vezes, chegava a desmaiar de tanto pranto. Era como a imagem de uma criança que chora incessantemente até que, eventualmente, exausta, adormece.

Foram dias sombrios, repletos de dor e sofrimento. Não vou mascarar a realidade; esses dias não foram fáceis. Experimentei dois divórcios antes dos 33 anos de idade, o que significava que havia feridas do primeiro divórcio que ainda estavam se curando quando fui ferida novamente no mesmo lugar. Não desejo a ninguém a dor do divórcio, porque a verdade é que Deus não criou o ser humano para se divorciar. Quando Deus concebeu a família e o casamento, o fez com uma visão de harmonia e bênção divina.

O casamento é uma instituição de profundo significado espiritual, e a Bíblia enfatiza que aquilo que Deus une, o homem não deve separar. É importante reconhecer que se trata do que Deus une, não do que o próprio homem une. O casamento é um reflexo do profundo amor de Deus pela unidade da família. Ele é representado como Pai, Filho e Espírito Santo, sendo Ele o arquiteto do primeiro casamento na história da humanidade.

A família na Terra é vista como uma representação da trindade divina, incorporando as figuras do Pai, do Filho e do Espírito Santo. Portanto, Deus é considerado o Deus da família. Entretanto, há a crença de que Satanás, com intenções destrutivas, busca prejudicar as famílias, utilizando o divórcio como um meio para tal. Isso porque o divórcio não apenas abala a estrutura familiar, mas também impacta os filhos e resulta em destruição emocional, física e sentimental que abrange todas as áreas da vida de uma pessoa.

Uma família é como uma pequena nação, e a decisão de casar é, sem dúvida, uma das mais cruciais na vida de uma pessoa, segunda apenas à escolha espiritual de aceitar Jesus como único e suficiente Senhor e Salvador. Após considerar o aspecto espiritual, que é a decisão primordial, envolvendo o batismo nas águas e a obtenção do selo da salvação, o Espírito Santo de Deus, surge a segunda decisão crucial: com quem você irá compartilhar sua vida em casamento.

Lembro-me das vezes em que visitei Israel, onde o casamento é uma celebração de extrema importância. Os casais se preparam ao longo de toda a vida para esse evento especial. A cerimônia é repleta de beleza e amor, pois o casamento, de acordo com as Escrituras, representa a relação entre Cristo, o Noivo, e a igreja, Sua Noiva. Essa união sagrada espelha o compromisso de Cristo com a igreja, e é por isso que desde os tempos mais remotos, Satanás tem buscado minar esse elo.

Desde tempos imemoriais, Satanás tem buscado seu objetivo principal na Terra: destruir as famílias. Uma das maneiras pelas quais ele tenta alcançar isso é através do divórcio. É fundamental que você preste atenção e seja criterioso na escolha de seu cônjuge. Ore e coloque suas decisões diante do Senhor, buscando confirmação divina. Conheça profundamente a pessoa antes de tomar decisões precipitadas. Namorar o tempo necessário é uma maneira sensata de se assegurar de que você conhece seu parceiro. Esteja ciente de que, se o namoro ou noivado não der certo, isso é aceitável.

O que não pode falhar é o casamento. No entanto, mesmo se você passou por um divórcio, ou vários, sua vida ainda pode ter um rumo diferente.

Minha própria vida sofreu uma transformação completa quando decidi encerrar meu segundo casamento, após ser traída. Meu ex-marido me levou a um restaurante em uma tarde de quinta-feira e, daí em diante, deu-me apenas 24 horas para sair de casa. Na sexta-feira, ele já estava viajando com outra pessoa para Campos do Jordão. Independentemente de quantos divórcios você tenha enfrentado, sua vida pode tomar um novo caminho a partir desse ponto.

Lembro-me como se fosse hoje, que, mesmo enfrentando a dor da traição, da mágoa, do abandono, e das feridas profundas que tudo isso causou, existe cura. O Senhor tem o poder de curar seu coração, restaurar sua mente e curar suas feridas emocionais. Há esperança de cura para todos, independentemente das cicatrizes do passado. É fundamental compreender que a verdadeira cura não está em um novo relacionamento, mas sim em Jesus Cristo. Ele é o caminho para a cura que todos nós buscamos.

TAREFAS E AÇÕES

Depois de ler este capítulo, quais são as tarefas que você irá fazer a partir de hoje? Liste pelo menos três novas ações! Compartilhe comigo no Instagram.

_____
_____
_____
_____
_____
_____
_____
_____
_____
_____
_____
_____
_____
_____
_____
_____
_____
_____
_____
_____

Capítulo 13
A SUA HISTÓRIA É O SEU TESOURO

Muitas pessoas me questionaram: "Patrícia, por que você decidiu escrever um livro sobre um assunto que permanece tão enclausurado, escondido nas sombras, camuflado e ainda considerado um tabu, como o divórcio?" Atualmente, a cada 24 casamentos, 10 terminam em divórcio. A taxa de divórcio aumentou de forma alarmante no Brasil e no mundo. .

Países como Portugal e as Ilhas Maldivas estão entre os líderes nesse cenário. Isso significa que o divórcio é uma realidade que afeta inúmeras pessoas, em todos os países e em diversas famílias. Deveria ser um tema mais discutido, orientado, esclarecido e ensinado.

No entanto, a realidade é que muitas pessoas optam pelo silêncio. Mas por quê? A vergonha é um fator predominante, a religião muitas vezes impõe restrições ao diálogo, e, além disso, as pessoas frequentemente optam por manter o sofrimento em segredo.

Outra razão é que, quando enfrentamos uma dor intensa, Satanás muitas vezes nos isola e silencia nossas vozes. Isso ocorre porque, quanto mais somos isolados e silenciados, mais difícil se torna o processo de cura e menos pessoas têm acesso a informações e conhecimento. No entanto, esse conhecimento, quando aplicado, tem o poder de transformar a vida de muitos.

Portanto, a resposta sobre o motivo pelo qual escolhi falar sobre o divórcio é simples. Eu desejava profundamente que alguém tivesse me orientado, ensinado e oferecido conselhos quando passei por esse momento em minha vida. Eu ansiava por um guia que me dissesse: "Não siga por esse caminho. Em vez disso, encontre significado em seu relacionamento com seu pai e honre-o, levando isso para dentro de si."

Isso me motivou a escrever meu primeiro livro, "Do Sertão para o Mundo". Neste livro, destaco a importância da orientação, algo que teria valorizado muito aos 15 anos. Meu segundo livro, "Propósito: 40 Dias Conhecendo Jesus", é um segredo que compartilho com vocês. Vivenciei este propósito durante a Páscoa de 2022, um momento em que estava emergindo de uma depressão após minha separação efetiva em setembro.

Durante seis meses, de outubro a abril, estive imersa em uma busca incansável pela presença de Jesus. "Propósito: 40 Dias Conhecendo Jesus" explora a intimidade e a busca por conhecer

Jesus, enquanto "Do Sertão para o Mundo" concentra-se mais na vida profissional, empresarial e na carreira.

Compreendo a importância de meus livros e minha missão de transformar vidas. Se meninas, adolescentes e mulheres lerem meu livro e entenderem que buscar um marido para preencher o papel de pai é um equívoco, eu teria cumprido meu objetivo.

Muitas vezes, mulheres mais jovens, que se casam com homens significativamente mais velhos, como foi o meu caso, estão, na verdade, buscando um pai. No entanto, casar-se com alguém quando se busca uma figura paterna nunca dará certo, pois um pai é um pai, e um marido é um marido. Iniciar um relacionamento com essa confusão de papéis é um equívoco.

Lembro-me de uma experiência que tive em 2017 ou 2018, quando participei de um treinamento nos Estados Unidos, em Nova York, mais especificamente em New Jersey, como parte da equipe do Tony Robbins. Foi meu primeiro evento como membro da equipe de Tony. Durante o treinamento, havia testes para selecionar quem faria a abertura no palco antes de Tony Robbins entrar. Fui escolhida algumas vezes, mas também houve ocasiões em que não fui selecionada.

Lembro vivamente de como não ser selecionada naquele momento causou uma tristeza profunda em meu coração. Foi como se uma onda de rejeição tivesse vindo à tona, algo que me acompanhava desde a infância. Foi então que Deus usou uma mulher repleta do Espírito Santo, Rosa, para entregar uma mensagem poderosa que desencadeou a inspiração para este capítulo do livro.

Ela se aproximou de mim com essas palavras reconfortantes: "Pat, Deus quer que você saiba que nunca foi rejeitada por Ele. Pode ser rejeitada por homens, mas nunca por Ele." Em seguida, Rosa compartilhou uma frase que estava ardendo em seu coração, uma mensagem direta do Senhor: "Sua história é seu tesouro. Não há motivo para se envergonhar dela, pois sua história é repleta de preciosidades." Naquele momento, eu não compreendi completamente o significado dessas palavras, mas as guardei no meu coração. Cerca de um ano atrás, quando comecei a acompanhar o Pablo Marçal, ele frequentemente repetia a frase: "Seu bloqueio tem intimidade com seu propósito."

Por um tempo, eu costumava orar e questionar: "Senhor, como pode meu bloqueio estar relacionado ao meu propósito? Isso não faz sentido para mim." No entanto, recentemente, algo incrível aconteceu em meu coração. O Senhor começou a acender uma chama intensa de coragem, ousadia e cura, uma ousadia que me permitiu falar do divórcio com destemor, algo que eu jamais imaginei que faria.

De repente, a mulher que costumava detestar a palavra "divórcio" e sentia vergonha de abordar esse assunto começou a se transformar. Foi então que Deus sussurrou em meu coração: "Filha, não foi minha escolha que você passasse por dois divórcios. Eu não desejava que você sofresse ou enfrentasse tudo o que enfrentou.

Mas lembre-se, eu sou seu Pai, e eu posso transformar toda maldição em bênção. Todas as coisas cooperam para o bem daqueles que me amam e são chamados de acordo com o meu propósito." Ele me mostrou que ele usaria minha dor, minhas lágrimas e todo o processo de transformação pelo qual passei para ser um instrumento de cura para outras mulheres. A partir desse momento, tomei a decisão definitiva de escrever um livro. Compreendi que Satanás quer nos envergonhar, mas Deus deseja usar nossa história e nossas experiências para abençoar e curar outras vidas.

Eu costumava sentir uma vergonha esmagadora de ter passado por dois divórcios. Para ser honesta, desejava profundamente que pudesse me esconder e desaparecer, abrindo um buraco no chão para me esconder. Sentia-me envergonhada a ponto de considerar minha história humilhante, especialmente perante a igreja e outros contextos. Se alguém me dissesse que um dia eu escreveria um livro sobre o divórcio, eu jamais teria acreditado.

Mas Deus é verdadeiramente maravilhoso. A Bíblia nos ensina que onde o pecado abunda, a graça superabunda. Também nos diz que nossas tribulações momentâneas resultam em uma glória eterna (2 Coríntios 4:17). Permita-me compartilhar algo com você: Deus deseja usar aquilo que Satanás tentou envergonhar, aquilo que causou dor, humilhação, rejeição, abandono e feridas. Ele quer transformar isso em um instrumento para abençoar vidas e manifestar Sua graça e poder.

Escrever este livro tem sido um momento transformador, uma cura para minha alma, meu espírito e meu corpo. Durante o processo de escrita, revivi muitas emoções, chorei lágrimas amargas, mas sei que cada momento difícil vale a pena. Minha própria dor e lágrimas se tornarão uma fonte de cura para outras mulheres, e essa é a razão pela qual decidi escrever este livro. Lembro-me claramente de uma palavra inspiradora que me foi dada e que agora faz todo sentido: Deus não desperdiça nada; Ele transforma, restaura, cura, liberta e transforma. Estou comprometida em compartilhar essa mensagem de cura e redenção.

A sua história é o seu tesouro. Guarde as palavras que o Senhor liberar para a sua vida, mesmo que, no momento em que as receber, pareçam sem sentido. Chegará um momento em que tudo fará sentido, um sentido pleno.

Hoje, o desejo mais profundo do meu coração é que milhares de mulheres e homens que passaram por divórcios tenham acesso a este livro, possam se entregar aos pés de Jesus, perdoar a si mesmos, ressignificar suas vidas, honrar seus pais e entrar em um novo e poderoso tempo. Escrever este livro sem estar casada, sem sequer ter um namorado no momento, é uma demonstração de que Deus é meu companheiro, meu esposo, meu noivo. Ele é tudo para mim. Paulo nos ensina que a Sua graça nos basta, e Sua presença é nosso maior prazer. Escrever este livro, apesar das dores, é motivo de grande alegria, com a certeza de que muitas vidas serão alcançadas e transformadas.

Agora, preste atenção a isso. Não tenha vergonha de sua história, não importa quão difícil, dolorosa ou desafiadora ela tenha sido. Não sinta vergonha de sua história, pois nas mãos do Senhor, sua história é como uma ogiva nuclear. Satanás tentará fazer com que você sinta medo, vergonha, que se esconda, que se isole.

Isso é exatamente o que ele deseja. No momento em que o Senhor começou a mover meu coração e fez-me uma pergunta: "Filha, você acha que permiti que você passasse por dois divórcios por qual razão? Apenas para que você sofresse? Ficasse em silêncio?" Deus transformará todas as maldições em sua vida em bênçãos, em honra dupla. Portanto, não foi em vão que eu passei por um divórcio, assim como não é em vão que você, que está lendo isto, experimentou um divórcio. Nada do que vivemos em nossas vidas acontece por acaso.

E eu vivi, passei pelo processo de dois divórcios, o que me concede autoridade para falar sobre isso. Realizei alguns casamentos e ajudei a restaurar mais de cem casamentos nos últimos dois anos. Ministrei em três casamentos, mas o Senhor me disse que ministraria em muitos outros. Ele transformou aquilo que Satanás tentou usar para me envergonhar em dupla honra e autoridade.

Deus já me deu a autoridade para ajudar a restaurar inúmeros casamentos, na minha família, no Ministério Embaixadores da Presença e em todos os lugares que frequento. Até hoje, nenhum casal com quem conversei se divorciou. Com a graça e o favor de Deus, conseguimos quebrantar corações e restaurar mais de cem casamentos.

Acredito que os três casamentos que ministrei são apenas o começo do que Deus fará na minha vida. Portanto, saiba que Satanás tentará te envergonhar, esconder e silenciar. Mas tudo o que você viveu é uma fonte de cura para outras pessoas, um testemunho poderoso e um remédio eficaz. Permita que Deus use aquilo que Satanás pretendia te envergonhar para transformar, salvar e curar.

Grave no mais profundo do seu coração esta frase: "A sua história é o seu tesouro." Não tenha vergonha, raiva ou qualquer outro sentimento negativo em relação a ela. Apenas tenha gratidão e permita que o Senhor pegue esse diamante que é a sua história e o lapide. Deixe o Senhor cuidar de você, restaurar e curar. O seu testemunho é uma poderosa arma no reino de Deus. Naquilo que Satanás tentou te envergonhar, Deus te honrará.

Não sei qual é a sua história, o quão difícil foi, quanto sofrimento você enfrentou, ou o quanto foi machucado. Mas uma coisa é certa: a sua história é um tesouro. Mesmo que você ache que não serve para nada, nas mãos do Senhor, é como um diamante precioso.

Nas mãos do Senhor, é cura, é um milagre, é um testemunho. Deus transformará e usará sua história de maneiras incríveis. Escrevi este livro para ajudar milhares de pessoas que já passaram por divórcios, que sofrem, que precisam de perdão, que desejam ressignificar suas vidas, restaurar seus corações e relacionamentos com Deus. Posso dizer que entendo o que Jó 42 quer dizer. Antes, eu te conhecia de ouvir falar, mas agora, te conheço por experiência própria.

Ah, meus queridos irmãos e irmãs, permita que o Senhor opere em sua vida, tirando-o dessa lama de tristeza, angústia e vergonha, transformando-o em algo poderoso e precioso. Lembre-se sempre: a sua história é o seu tesouro. O que Satanás tentou encher de vergonha, dor, tristeza e angústia é, nas mãos do Senhor, um tesouro valiosíssimo, destinado a curar, restaurar e transformar a vida de milhares e milhares de pessoas.

TAREFAS E AÇÕES

Depois de ler este capítulo, quais são as tarefas que você irá fazer a partir de hoje? Liste pelo menos três novas ações! Compartilhe comigo no Instagram.

_____
_____
_____
_____
_____
_____
_____
_____
_____
_____
_____
_____
_____
_____
_____
_____
_____
_____
_____
_____
_____
_____

Capítulo 14
COMUNICAÇÃO

A comunicação é uma questão fundamental, não apenas nos casos de divórcio, mas em todos os tipos de relacionamentos, seja entre pais e filhos, irmãos, sócios, ou até mesmo entre nações. Muitos dos maiores conflitos e guerras no mundo surgiram devido a falhas na comunicação. Da mesma forma, muitos dos problemas mais comuns em empresas e famílias podem ser rastreados até problemas de comunicação.

A habilidade de se comunicar é essencial e eu a considero uma habilidade primária, já que, sem uma comunicação eficaz, as outras habilidades dificilmente podem ser aplicadas. Por exemplo, é impossível vender algo sem uma comunicação adequada. Portanto, aprimorar suas habilidades de comunicação é fundamental para o sucesso em diversos aspectos da vida.

Negociar sem comunicar é uma tarefa impossível. Todas as outras habilidades derivam da habilidade de se comunicar. Um ponto crucial a ser lembrado é que, quando Deus criou o mundo, Ele usou o poder da comunicação, a Palavra. Ele disse, "Haja luz," e houve luz (Gênesis 1). A Bíblia nos conta que, no princípio, a Terra era sem forma e vazia, mas, através do poder da palavra, da comunicação, o Senhor trouxe a luz à existência.

Isso destaca a importância da comunicação em todos os relacionamentos. Quando a comunicação com Deus não é clara, quando a comunicação consigo mesmo também não é clara, automaticamente a comunicação com outras pessoas se torna confusa e problemática. Portanto, aprimorar a comunicação é fundamental para fortalecer relacionamentos e alcançar objetivos, assim como devemos reconhecer a importância da comunicação espiritual com o nosso Criador.

Como mencionei, Deus é minha "torre de comando", e Ele me conhece profundamente, até mesmo a quantidade de fios de cabelo em minha cabeça. Essa conexão com Deus é a base da minha comunicação espiritual, e é dela que emana a clareza em minha comunicação comigo mesma e com os outros.

Ao reconhecer que Deus me conhece intimamente e que Ele tem um plano para mim, posso ajustar minha comunicação espiritual para buscar orientação, força e propósito em minha vida. Essa comunicação com Deus me ajuda a navegar em situações desafiadoras e a encontrar significado em minha jornada. É a base de todas as outras formas de comunicação e relacionamentos em minha vida.

A Bíblia nos assegura que Deus tem o nosso nome escrito na palma de Suas mãos. Portanto, é Ele quem nos conhece mais profundamente do que nós mesmos. A comunicação com Deus precisa ser direta, clara e sábia, com discernimento. Quando nossa comunicação com Deus é eficaz, ela influencia positivamente nossa comunicação conosco mesmos.

Como apontei em capítulos anteriores deste livro, bloqueios na comunicação muitas vezes têm raízes em nossa infância. A forma como fomos criados, as experiências que tivemos e as mensagens que recebemos quando crianças podem moldar significativamente nossa habilidade de nos comunicarmos de maneira saudável. É essencial reconhecer esses bloqueios e trabalhar para superá-los, para que nossa comunicação com Deus, conosco mesmos e com os outros seja mais clara e eficaz.

Em nossa trajetória de vida, nosso relacionamento com nosso pai terreno geralmente é a primeira referência que temos para entender o conceito de paternidade. A qualidade dessa relação paterna influencia profundamente nossa comunicação, especialmente com Deus. Se essa comunicação com nosso pai físico é inadequada ou prejudicada, ela tende a afetar nossa comunicação com Deus e, por sua vez, todos os outros relacionamentos em nossas vidas.

Sendo assim, aprendi que é fundamental aprender a se relacionar bem com Deus, comigo mesmo e com os outros. Embora tenha trabalhado em rádio desde pequena e compreendesse a comunicação terrena, percebi que a comunicação terrena, por si só, não é suficiente. Para ter relacionamentos saudáveis e evitar as dificuldades que enfrentei em meus dois divórcios, é essencial nutrir essa comunicação espiritual. O aprendizado e o cultivo dessa habilidade de se relacionar com Deus tornam-se a base para todas as outras formas de comunicação em nossas vidas.

Trabalhei durante seis anos em rádio, com mais um ano de experiência em TV, e desenvolvi razoável eloquência na comunicação terrena. No entanto, compreendi que a comunicação terrena por si só não é suficiente para manter um casamento saudável. Um casamento requer um tripé, onde Deus ocupa o centro, e o relacionamento é composto por Ele, o marido e a esposa.

Quando esse trio está completo, quando Deus é o centro do relacionamento, tudo flui de maneira diferente, e a comunicação ocorre de maneira mais eficaz. Além disso, quero enfatizar que a comunicação está intimamente ligada à questão das crenças e valores compartilhados. Quando duas pessoas têm crenças e valores distintos, a comunicação pode ser afetada e o relacionamento pode se tornar mais desafiador. Portanto, é crucial que a comunicação seja estabelecida e cultivada desde a infância, pois é aí que suas raízes são formadas.

A Bíblia nos ensina a "ensinar a criança o caminho que deve seguir, e até quando envelhecer não se desviará dele" (Provérbios 22:6). Muitas vezes, os pais se concentram em fornecer roupas, educação e bens materiais de qualidade, mas negligenciam o aspecto espiritual. Ter um relacionamento íntimo e de comunhão com Deus é fundamental para desenvolver uma comunicação saudável. Pessoas que têm relacionamentos íntimos tendem a ter uma comunicação eficaz, passando tempo juntas, dialogando, ouvindo, e compartilhando.

Uma das principais raízes do divórcio, sem dúvida, está relacionada à comunicação. Não se trata apenas de comunicação terrena, mas também de comunicação na alma e no espírito. Muitos casais podem ter química física, mas se falta química na alma e no espírito, isso pode causar desentendimentos.

Quando cada pessoa tem um propósito distinto ou pensa de forma diferente, a falta de comunicação na alma e no espírito pode gerar problemas no relacionamento. É importante que casais se conectem em níveis mais profundos para construir relações duradouras.

Existe uma tríade de comunicação que envolve o corpo, a alma e o espírito. Quero enfatizar a importância de aprender com minha experiência e não passar pelos mesmos desafios que enfrentei no casamento. Se você é casado ou está em um relacionamento, aqui está um conselho crucial: invista na melhoria de sua comunicação.

Lembre-se de que não se trata apenas do que você diz, mas de como você se expressa. A comunicação é a habilidade essencial para uma convivência saudável e para construir uma comunidade sólida. Sem uma comunicação eficaz, não há relacionamentos significativos. Convido você a refletir sobre os principais pontos de sua comunicação se você já passou por um divórcio. Quantas vezes você se viu agindo de forma áspera, rude, orgulhosa ou carente de humildade? Quantas vezes faltou o diálogo em sua relação?

Além disso, quero destacar que ouvir é essencial na comunicação. Sabia que ouvir também é uma forma de comunicação? Uma pessoa que sabe ouvir, que se envolve ativamente na conversa, é um dos melhores comunicadores.

Você pode perceber que, em pelo menos 80% dos problemas em sua vida, seja em relacionamentos amorosos, amizades, negócios, ou qualquer área, uma melhoria na comunicação desempenha um papel significativo. Decidir melhorar a comunicação pode se tornar uma meta de vida que afetará positivamente todos os aspectos dela. Posso afirmar isso com base na minha experiência pessoal, pois seu tom de voz, suas ações, suas palavras e até mesmo sua aparência comunicam algo. Portanto, aqui está uma pergunta para reflexão: o que você estava comunicando?

Com certeza, aquele que ouve mais tende a se comunicar melhor, aprender mais e desenvolver argumentos mais sólidos. A forma como você se veste comunica algo, assim como a maneira como você interage com amigos e amigas. Quantas vezes já testemunhamos brigas em relacionamentos devido a amigos do parceiro ou parceira, ou até mesmo por causa de uma outra pessoa?

É comum ver casais brigando por causa de roupas: um dos parceiros veste algo que o outro não gosta, e, em vez de uma comunicação clara e compreensão mútua, a situação se transforma em um conflito. Além disso, pequenas coisas, como uma toalha na cama ou a forma como os filhos afetam o relacionamento, podem se tornar pontos de discórdia se não houver uma comunicação eficaz.

Reflita sobre que tipo de comunicação você estava praticando em seu relacionamento. Você estava transmitindo paz ou conflito? Alegria ou tristeza? Amor ou raiva? Compreensão ou impaciência? Compaixão e misericórdia ou julgamento? Qual era a natureza de sua comunicação com seu cônjuge? Pode ser uma jornada significativa de autoconhecimento e aprimoramento da comunicação.

Hoje tenho dedicado a minha atenção diariamente à arte da comunicação. Embora eu ainda esteja distante da mulher que um dia aspirei ser, estou em constante aprimoramento. Busco aprender e aperfeiçoar minha habilidade de me comunicar, abrangendo não apenas o aspecto físico, mas também os domínios espirituais e emocionais. Afinal, conforme a Bíblia sabiamente destaca, a língua tem o poder de dar vida ou causar destruição.

Quantas vezes já desestabilizamos planos e relações, ferindo familiares, amigos e cônjuges com palavras inapropriadas? A comunicação permeia todos os aspectos da vida, desde o timing e a maneira de expressar pensamentos até o conteúdo e o contexto da comunicação. A complexidade desse tema é tão vasta que caberia um livro completo para explorá-la.

Portanto, faço um apelo a todos: comprometam-se a aprimorar suas habilidades de comunicação com Deus, consigo mesmos e com os outros. A garantia é que, ao empreender essa jornada de melhoria, suas vidas passarão por uma transformação notável.

TAREFAS E AÇÕES

Depois de ler este capítulo, quais são as tarefas que você irá fazer a partir de hoje? Liste pelo menos três novas ações! Compartilhe comigo no Instagram.

_____
_____
_____
_____
_____
_____
_____
_____
_____
_____
_____
_____
_____
_____
_____
_____
_____
_____
_____
_____
_____
_____

RAÍZES DOS DIVÓRCIOS

CONCLUSÃO

Ao finalizar esta obra, tenho convicção de que o primeiro e mais crucial ponto a ser tratado é a nossa relação com a figura paterna, materna ou de alguém que, de alguma forma, traumatizou nossa infância, quando deveria ter tido um papel de exemplo, de amor e de cuidado. Ressignificar e curar essa relação é fundamental. Se eu soubesse, em tempos passados, o alto custo de deixar essas questões pendentes, teria traçado um caminho completamente diferente em minha vida.

A ausência de orientação, amor e sabedoria paterna ou materna podem ser um fator determinante que conduz uma pessoa à autodestruição. O princípio que mais desejo compartilhar com você neste momento é este:

Resolva suas questões relacionadas à figura paterna e materna, quanto com seu Pai celestial. Pois, até que você tenha resolvido essas questões, dificilmente encontrará harmonia em seu casamento, seja você homem ou mulher. As raízes dos desafios mais significativos têm suas origens na infância e em uma conexão com os pais que carece de ajustes adequados.

Uma criança que não recebe a orientação de um pai ou uma mãe enfrenta um desafio significativo, perdendo o rumo em sua vida. As dores e traumas não resolvidos relacionados aos seus pais podem se manifestar em seus relacionamentos futuros, sejam com seu cônjuge ou esposa.

Quando falo sobre paternidade, não me refiro apenas aos homens, mas abordo a paternidade e maternidade no contexto de homens e mulheres. Isso ocorre porque aquilo que uma pessoa não resolveu em relação aos pais pode ser projetado em seus parceiros ou ser uma busca constante, como no meu caso, onde a figura paterna estava ausente na infância, levando-me a procurar essa falta nos relacionamentos que tive.

Portanto, se há algo crucial em sua vida, essencial para o sucesso de seus relacionamentos futuros, é a necessidade de reavaliar, curar e reconciliar sua relação com a paternidade, seja ela divina ou terrena. Independentemente das ações de seu pai na Terra, é importante buscar a reconciliação, o perdão e o entendimento. A falta de perdão em relação a seus pais pode causar sérios problemas em seus relacionamentos, afetando-os profundamente.

Hoje, posso garantir a vocês que o que fez uma diferença profunda em minha vida foi desbloquear minha paternidade, estabelecer uma comunicação com meu Pai celestial e meu Pai terreno, além de curar a figura masculina em minha história. Quero que anotem isso e prestem atenção. Se você teve um pai que o agrediu, maltratou ou prejudicou de alguma forma, é provável que tenha atraído um parceiro que tenha manifestado comportamentos semelhantes, seja um marido ou companheiro. E aqui está a consequência disso.

Se você teve um pai que a maltratou, abandonou, agrediu ou quebrou sua confiança, é provável que tenha atraído um homem que também o maltratou, traiu ou feriu de alguma forma. Essa experiência pode moldar sua imagem da figura paterna, levando à crença de que todos os homens são capazes de ferir, traírem ou desapontarem. Com essa mentalidade e essa imagem da figura paterna, é difícil estabelecer um relacionamento saudável e próspero.

Uma das coisas que precisei curar profundamente em meu coração foi a minha relação com a figura paterna e a representação masculina. Isso se deve ao fato de que, para mim, a imagem masculina estava associada a dor, traição e decepção, devido às experiências difíceis que tive com homens ao longo da vida. Embora saiba que também tenha tido desapontamentos com mulheres, a maioria das minhas experiências negativas foi com homens.

Portanto, é crucial que eu cure essa relação com a figura paterna, a imagem masculina e também a minha concepção de Deus, pois a maneira como vejo os homens na Terra influencia diretamente minha visão de Deus. É essencial entender que a forma como percebo a figura masculina, incluindo meu pai, tem um impacto significativo na minha relação com o divino.

A pergunta que desejo deixar para você refletir é a seguinte: como você, como mulher, enxerga a figura masculina, e como você, como homem, enxerga a figura feminina? Agora é o momento de curar, restaurar e liberar as feridas relacionadas à figura paterna para que, a partir desse ponto em diante, possamos construir relacionamentos verdadeiramente saudáveis.

Até recentemente, eu tinha muitas questões não resolvidas relacionadas aos homens, porque para mim, eles representavam traição, dor, sofrimento, injustiça, irresponsabilidade e abandono. E era assim que eu enxergava não apenas os homens em geral, mas também o meu pai e, de certa forma, a própria imagem de Deus.

Até que eu tenha ressignificado essas crenças, até que eu tenha compreendido que Deus é meu pai e que as ações dos homens na Terra não representam os desejos do coração de Deus - porque Deus é perfeito, amoroso e não é suscetível a mentiras ou arrependimentos como os seres humanos - minha vida permaneceu inalterada. Foi necessário para mim curar minha visão de Deus, minha imagem do meu pai e minha percepção da figura masculina.

Convido você a fazer o mesmo: ressignificar sua experiência, ou seja, atribuir um novo significado a tudo o que viveu. Reconheça que todas as dores que enfrentou têm um propósito. Cada vez que foi moldado, esmagado ou pisoteado, estava gerando uma essência - uma essência de cura, de libertação, de liberdade.

Por quê? Porque sua dor está intimamente ligada ao seu propósito. E onde você foi mais envergonhado, é exatamente onde Deus planeja honrá-lo mais profundamente. Guarde isso no mais profundo do seu coração: onde você mais foi envergonhado, é onde Deus planeja te honrar mais grandemente.

É importante reconhecer que Deus não desperdiça nada. Todas as experiências que você passou têm um propósito. Hoje, faça a escolha de viver verdadeiramente esse propósito, não basta apenas identificá-lo, é preciso vivê-lo. Que este livro seja um marco na sua vida, uma transformação na sua história, e que sua vida nunca mais seja a mesma.

Que o Espírito Santo, o Consolador e Mestre, te guie daqui para frente em um caminho de restauração e ressignificação. A Bíblia nos lembra, em João 14, que o Espírito Santo é aquele que nos ensina todas as coisas. O que você não aprendeu com este livro, que você aprenda daqui em diante com a orientação do Espírito Santo de Deus. Louvo a Deus pela sua jornada e agradeço por termos compartilhado essa experiência, eu como autora e você como leitor.

Desejo que o nosso Deus os abençoe abundantemente. Declaro sobre sua vida um novo tempo. Declaro que a glória da última casa será maior do que a primeira. Declaro que coisas maravilhosas estão reservadas para você, além do que os olhos já viram, os ouvidos já ouviram, ou o coração humano já imaginou. Declaro que sua vida sentimental é abençoada e que sua família é uma bênção.

Em nome de Jesus, amém.

FAÇA UMA CARTA DE COMPROMISSO COM VOCÊ. LISTE TODA AS COISAS BOAS QUE A PARTIR DE AGORA SERÃO PARTE DO SEU VOCABULÁRIO!

_____
_____
_____
_____
_____
_____
_____
_____
_____
_____
_____
_____
_____
_____
_____
_____
_____
_____
_____
_____
_____
_____
_____
_____
_____
_____

grupo novo século

Compartilhando propósitos e conectando pessoas
Visite nosso site e fique por dentro dos nossos lançamentos:
www.gruponovoseculo.com.br

‹ns

- facebook/novoseculoeditora
- @novoseculoeditora
- @NovoSeculo
- novo século editora

gruponovoseculo.com.br

Edição: 1ª
Fonte: Adobe Garamond Pro